左右を哲学する

清水将吾

ぷねうま舎

装丁＝松井理沙

目次

第二部　対話

左右は経験的か、超越的か
——谷口一平さんと——　138

まえがき

この本は、二つの問いを出発点にしています。〈左右とは何か?〉という問いと、〈私とは何か?〉という問いです。

私はこれから、〈左右とは何か?〉という問いを掘り下げていくことで、〈私とは何か?〉という問いを、新しい角度で掘り下げていきます。

また、この本は、哲学の本です。私は哲学の方法を使って、これら二つの問いに迫ろうとしています。

では、哲学の方法とは何でしょうか。私にとっての哲学の方法は、二つの方法から成り立っています。

一つは、師である永井均先生から学んだ方法です。また、同門の哲学者たちと一緒に哲学をする中で学んできた方法です。それは、さまざまな知識を吸収しながら、それを自分自身の問いを考えるために活用するという方法です。大切なのは、知識よりも、自分自身の問いです。自分自身の問いを、粘り強く徹底的に考える、知識の意義はそのための手段として、活用することにあるのです。

もう一つは、子どもや市民との哲学対話から学んできた方法です。私が実践する哲学対話では、平易な言葉で話し合いをします。平易でない難しい言葉には、たくさんの意味合いが含まれています。ですから、難しい言葉を使うと、いいことを言えた気がしてしまうのです。平易な言葉では、そのようなごまかしはききません。ということは、ごまかしなく考えたいときには、できるだけ平易な言葉を使うのがよいのです。

第一部では、二つ目の方法が色濃く出ていると思います。左右という身近なことがらについて、平易な言葉で考えていきます。すると、思いもよらない地点まで行くことができるのです。本書の読者の中には、哲学を専門的に勉強していない人もいると思います。そのような人に、こうやって哲学をするといいですよと、提案してみたい気持ちもあります。

第二部では、一つ目の方法が色濃く出ていると思います。第一部を踏まえ、谷口一平さん、成田正人さんと、順に対話をしていきます。二人とも、知識の豊富な哲学者です。ですが、第一部の内容を既存の知識と結びつけて満足するということは、一切していません。知識を活用し、未知の深層を掘り下げていきます。哲学を専門的に勉強している人には、こうやって哲学をするといいですよと、提案してみたい気持ちがあります。

それでは、哲学を始めましょう。共感できない問いや、同意できない考えも出てくるでしょう。その「できない」は、あなたの思考が始まる入口です。本書は少なくとも、あなたの思考の入口と、入口をくぐったあとの方法を、用意していると思います。

第一部

はじめに

私がまだ三、四歳だった頃でしょうか。私は、この宇宙に自分がいるということに、心底から驚くようになりました。この宇宙は、私というものなしに、ずっとありつづけてきました。そして、私が死んでからも、ずっとありつづけていくでしょう。なぜ、そんな宇宙に、突如として私というものが現れたのでしょうか。その不思議に心を打たれたのです。

二十歳になるまで、私はその不思議をただただ味わうだけでした。突如として現れた私、それは清水将吾という人間でないこともありえたはずです。ほかの人間であることもありえたはずですし、人間でない生き物であることもありえたはずです。それなのに、なぜか私は、清水将吾という人間として生まれ、生きているのです。

二十歳になり、私は永井均先生の本に出会います。その本には、私が感じていたような不思議が、哲学という学問として語られていました。私は衝撃を受けました。哲学を学べば、この不思議をただ味わうだけでなく、勉強して考えることができるのか、そう驚いたのです。

私は永井均先生のもとで学ぶようになります。その当時の私は、自分の感じる不思議をこんなふうに考えていました。

世界にはたくさんの人間がいる。その人間たちは心をもっている。つまり、世界にはたくさんの心がある。そのうちの一つだけが、なぜか特別なありかたをしている。一つの心だけが、私の心という特別なありかたをしている。そして、その心はなぜかたまたま、清水将吾という人間の心だった。

「心」という言葉で私が考えていたのは、内面のようなものです。つまり、心をもつその人自身にしか知りえない内面です。私は、それぞれの人間がそのような内面をもつことを前提したうえで、私である清水将吾の内面だけが特別だと考えていたのです。

その考えは間違ってはいないのかもしれません。しかし、私は本書を書くことで、その内面から踏み出してみたいと思っています。つまり、内面のようなものがあることを前提せずに、自分が感じてきた不思議を考えてみたいと思っているのです。

そのときの私の表現は、「宇宙空間は私の身体を中心にして広がっている」というものになります。宇宙空間には、生き物の身体を含めた無数の物体があります。そのうちの一つだけが、特別なありかたをしています。それは私である清水将吾の身体で、それを中心として宇宙空間は広がっている、そう私は考えてみたいのです。

1　向きと左右

向き

私の身体は、上下・前後・左右という向きをもっています。そして、私の身体から、上下・前後・左右という向きが広がっています。宇宙空間は、私の身体を中心として、上下・前後・左右の向きに広がっている、そう私は考えたいと思っています。

では、そもそも、向きとは何でしょうか。向きというものは、必ず、どこかからのどこかへの向きです。たとえば、ボールが飛んでいるとき、ボールの運動には向きがあります。そして、それは必ず、どこかからのどこかへの向きです。すなわち、飛んでいるボールは必ず、どこかからどこかへ向かって飛んでいます。

するど、向きというものは、必ず、運動の向きなのでしょうか。そうではありません。たとえば、コップには、それが運動していなくても、上下の向きが備わっています。コップに備わった上の向きは、コップの底から飲み口への向きです。また、コップに備わった下の向きは、コップの飲み口から底への向きです。

コップに備わったこうした向きをもとに、「コップの上にフタがある」のようなことを言うことができます。これは、コップの底から飲み口への向きの延長線上にフタがある、という意味です。それから、「コップの下にコースターがある」のように言うとしたら、それは、コップの飲み口から底への向きの延長線上にコースターがある、という意味です。このような場合にも、何かが運動しているわけではありません。

しかし、ここで次のように考えることができるでしょう。コップの底から飲み口への線と、コップの飲み口から底への線は、同じ一つの線です。何かが運動しない限り、これらの線を区別するものはありません。つまり、コップの底から飲み口への運動と、コップの飲み口から底への運動とがあってはじめて、これらの線は別々の向きとなります。ということは、コップの底から飲み口への向き（コップに備わった上の向き）と、コップの飲み口から底への向き（コップに備わった下の向き）とが、別々の向きだとされるときには、実際に何かが運動していなくても、そこに運動が想像されていると言えます。すなわち、コップの底から飲み口への運動と、コップの飲み口から底への運動とが、想像されているのです。

だとすると、「宇宙空間は、私の身体を中心として、上下・前後・左右の向きに広がっている」と言うとき、私はどんなことを言いたいのでしょうか。

まず、ここで言われている「上下・前後・左右の向き」とは、私の身体から何かほかのものへの向きではありません。たとえば、私の身体に備わった上の向きは、私の足から頭への向きです。つまり、「上下・前後・左右の向き」とは、私の身体の部分から部分への向きなのです。

そして、私の身体の部分から部分への向きには、その延長線があります。その延長線は、私の身体の外側へと広がっています。「宇宙空間は、私の身体を中心として、上下・前後・左右の向きに広がっている」と言うとき、私はそのような、身体の部分から部分への向きに始まり、身体の外側へと広がっていくような向きのことを言っているのです。

このとき、私の身体の外側へ向かって、実際に何かが運動しているわけではありません。たとえば、実際に宇宙空間が、私の身体の外側へ向かって膨張しているわけではありません。私の身体を中心とした上下・前後・左右の向きは、私の身体の外側へと向かう想像上の運動の向きです。

そうすると、「宇宙空間は、私の身体を中心として、上下・前後・左右の向きに広がっている」ということは、当たり前のことにすぎないのでしょうか。私の身体に備わった上下・前後・左右の向きの延長線上には、運動を想像することができます。そして、それらの延長線上には宇宙空間が広がっています。これは、ただの当たり前のことではないでしょうか。だとするなら、私の言いたいことは、どう表現すればよいのでしょうか。はたして、それは表現できることなのでしょうか。この本では、こうした問いに一つの応答を与えてみたいと思います。

左右の謎

私たちは普段の生活で、「左」「右」という言葉をよく使います。タクシーに乗れば、「次の角を左に曲がってください」などと言いますし、パソコンの操作について誰かに相談すれば、「マウスを右クリックしてみて」と教えられたりします。

では、「左右」とは何でしょうか。このように問わなければならなくなるのは、左右という向きが、じつははっきりしないものだからです。普段からよく使うにもかかわらずです。まずは、そのことから説明していきましょう。

「上下」という向きなら、はっきりしています。「上」とは、コップの底から飲み口への向きや、人間の身体の足から頭への向きです。それから、重力に逆らう向き、すなわち地面から空への向きです。また、「下」とは、コップの飲み口から底への向きや、人間の身体の頭から足への向きです。それから、重力のはたらく向き、すなわち空から地面への向きです。このように、「上下」という向きは、身体を含めた物体がもつ部分や、重力・地面・空のような、物的なものによって定まっています。

「前後」という向きも、はっきりしています。「前」とは、テレビのスクリーンのない部分からスクリーンのある部分への向きや、身体の後頭部から顔への向き、それから、身体や乗り物が進む向きです。「後ろ」とは、テレビのスクリーンのある部分からスクリーンのない部分への向きや、身体の顔から後頭部への向きです。このように、「前後」という向きも、身体を含めた物体がもつ部分や、進行方向のような、物的なものによって定まっています。

さて、「左右」はどうでしょうか。たとえば、心臓は胸の左側にあります。すると、「左」とは、心臓のない胸の部分から心臓のある胸の部分への向きなのでしょうか。そうではありません。現に、心臓が右側にある人が稀にいます。そのような人にとっては、心臓のない胸の部分から心臓のある胸の部分への向きは、左ではありません。その向きは右なのです。したがって、「左」とは何かと考えたとき、「それは心臓のない胸の部分から心臓のある胸の部分への向きである」のように答えることができないのです。

「右」についても同じようなことが成り立っています。たとえば、子どもに「右」という言葉を教えるとき、「お箸をもつほうだよ」と言うことがあります。では、「右」とは、お箸をもたない手からお箸をもつ手への向きなのでしょうか。そうではありません。現に、お箸を左手でもつ人もいます。そのような人にとっては、お箸をもたない手からお箸をもつ手への向きは、右ではなく左なのです。つまり、「右」とは、お箸をもたないほうの手からお箸をもつほうへの向きではないのです。

このように、「左右」という向きは、心臓や、お箸をもつ手といった、物的なものによって定まっていません。それでは、「左」と「右」の向きは、何によって定まっているのでしょうか。それがはっきりしていないのです。普段から当たり前のように使っている「左」と「右」を、はっきりしないまま放っておけるでしょうか。私には放っておくことができません。

左右軸

「左」と「右」は物的なものによって定まっていません。ですが、左右軸についてであれば、物的なものによって定まっていると言えます。左右軸は、上下軸と前後軸が明らかになれば、おのずと明らかになるからです。

目隠しをして棒をもっているスイカ割りの挑戦者に、左と右のどちらに進めばよいか、教えたいとします。このとき、その人の頭や足などを見て、上下軸を認識します。そして、その人の顔や後頭部などを見て、前後軸を認識します。これら上下軸と前後軸は、互いに直交しています。すると、上下軸と前後軸の両方の軸に直交する第三の軸が、おのずと出てきます。それが左右軸です。

上下軸と前後軸は物的なものによって定まっていますから、それらが定まるとおのずと出てくる左右軸も、物的なものによって定まっていると言えます。では、その左右軸のどちらが左で、どちらが右なのでしょうか。これが物的なものによって定まっていないのです。

ところで、上下軸と前後軸が定まれば、おのずと定まるのが左右軸、というふうに説明しましたが、納得しない人もいるかもしれません。スイカ割りの挑戦者にとっての左右軸を定めるとき、その人の身体が左右対称であることを見て、最初から左右軸を定められると考える人がいるかもしれません。

たしかに、人間の身体は左右対称だと言われます。しかしそれはあくまで、上下軸と前後軸があったうえでの「左右」対称性なのです。たとえば、マグカップは対称性をもっています。実際、マグカップの取っ手をまっすぐ自分の側に向けたりすれば、マグカップは対称性をもつように見えます。ですが、マグカップにとっての左右軸はどこにあるのでしょうか。マグカップが対称性をもつように見えるとき、その両側を通るのがマグカップにとっての左右軸なのでしょうか。そう言い切るのは難しそうです。

マグカップには上下軸があります。それは飲み口と底を通る軸です。ですが、マグカップには前後軸がありません。そのため、マグカップの左右軸は定められないのです。

前後軸だけがあって上下軸がない場合にも、左右軸は定めることができません。たとえば、ミドリムシには進行方向がありますから、前後軸を定めることはできそうです。ミドリムシは繊毛のあるほうから繊毛のないほうへの向きの延長線上へと進みますから、その向きが前で、繊毛のないほうから繊毛のあるほうへの向きが後ろだと言えるでしょう。「それならミドリムシにとっての左右軸はどこか」と聞かれたら、どう答えればよいでしょうか。答えようがないのではないでしょうか。それは、ミドリムシに上下軸がないからです。

人間の身体には上下軸と前後軸の両方があります。だからこそ、左右軸を定めることができるのです。スイカ割りの挑戦者を何気なく見ているときにも、上下軸と前後軸を見て取っているからこそ、その人にとっての左右軸が定められるのです。

さて、問題は、そうして定められる左右軸の、どちらが左でどちらが右なのかです。実際、スイカ割りの挑戦者を見ると、その人にとっての左右軸がわかるだけでなく、その左右軸のどちら側が左でどちら側が右なのかがわかります。そうしたときの左と右は、どのようにして定まっているのでしょうか。

この問題を考えるために、私たちが普段どのように左右を判断しているのか、というところから考え始めてみましょう。

私にとっての左右の判断

私は自分にとっての左右を判断しながら生活しています。たとえば、仕事を終えてマンションに帰ってきたとき、「つきあたりの左に自分の部屋がある」と思いながら、私にとっての左右を判断します。（左右の判断を誤ると、向かいの部屋に入ろうとしてしまうでしょう。）

このとき、頼りにされているのは感覚です。まずは、廊下を歩きながら、視覚によって、つきあたりを見つけます。そうしたら、つきあたりの左にあるドアを見定め、そのドアのところまで歩いていき、ドアを開けて部屋の中に入ります。

私が視覚をもたなければ、かわりに聴覚や触覚が頼りにされるでしょう。いずれにしても、私にとっての左右を判断するとき、頼りにされるのはもっぱら感覚です。

さて、「つきあたりの左に自分の部屋がある」と思いながら私にとっての左右を判断する場合を、もう少し細かく見てみましょう。

まず、廊下のつきあたりを見つけたら、その左にあるドアを見ます。このことから言えるのは、視覚には〈左のほう〉という感覚が含まれているということです。別の言い方をすれば、視野には〈左のほう〉があるということです。だからこそ、廊下のつきあたりの左のほうにあるドアを見ることができるのです。

このように、視覚には〈左のほう〉という感覚が含まれています。何かを見ているときには、左のほうに見えるものがあるのです。それと同時に、視覚には〈右のほう〉という感覚も含まれています。廊下のつきあたりを見つけたら、右のほうにあるドアを見ることもできるということです。

このことは、視覚に左右感覚が含まれていることを示しています。視野には左のほうと右のほうがある、と言ってもよいでしょう。つまり、見えるものは、左のほうに見えたり、右のほうに見えたりします。視覚のこうした左右感覚がなければ、つきあたりの左のドアを見つけようと思っても、つきあたりで向かい合わせになったドアのうち、どちらが左のドアなのか、わからなくなってしまうでしょう。

こうした左右感覚は、触覚や聴覚にも含まれています。触れられたときの感覚は、身体の左側に生じたり、身体の右側に生じたりします。また、聴こえる音は、左のほうから聴こえたり、右のほうから聴こえたりします。ですから、視覚をもたない人も、廊下のつきあたりの左のドアを、感覚を頼りに探し当てることができるのです。

以上のことから、私にとっての左右を判断するとき、左右感覚が頼りにされていると言えるでしょう。

しかし、不思議ではないでしょうか。先ほど、左右軸が定まるためには、まずは上下軸と前後軸が定まらなければならない、というふうに述べました。だとすると、何かにとっての左右を判断するときには、まずは上下軸と前後軸を定め、それによって左右軸が定まり、その左右軸のどちらが左で、どちらが右なのかを判断する、という順序になるはずです。それなのに、私にとっての左右を判断するときには、上下軸と前後軸を確かめたりはしていないようです。私はもっぱら左右感覚を頼りに、私にとっての左右をただちに判断できるのです。これはどうしてでしょうか。

それは、私の身体の上下・前後・左右の向きの、お互いに対する位置関係が、つねに固定されているからです。そのことが暗に前提になったうえで、私は左右感覚を頼りに、私にとっての左右を判断しているのです。

そのことを理解するために、こんな思考実験をしてみましょう。仮に、私の身体の上下左右はそのままで、私の身体の前後だけが逆になるということが起こったとしましょう。私の身体の前側にあった顔・胸・腹・つま先などが、身体の後ろ側だったほうに現れます。それと同時に、私の身体の後ろ側にあった頭部・背中・臀部・かかとなどが、身体の前側だったほうに現れます。するとその結果、左手だった手はそのまま右手になります。そして、右手だった手はそのまま左手になります。また、左足だった足はそのまま右足になり、右足だった足はそのまま左足になります。

こうした変化のあと、手を使って触覚を頼りにすると、右手になった手で触れるものは、(ついさっきまで、その手は左手だったので)左にあるような感じがするでしょう。また、左手になった手で触れるものは、（ついさっきまで、その手は右手だったので）右にあるような感じがするでしょう。つまり、触覚の左右感覚が、私にとっての左右を判断するうえで、頼りにならなくなってしまうのです。

　こうした状況では、触覚の左右感覚だけでなく、視覚の左右感覚も頼りにならなくなってしまうでしょう。両目がまっすぐ頭の中を通って後ろに現れたとすると、左目だった目が右目になり、右目だった目が左目になります。すると、さっきまで左目だった目のある側が新たな右側になるので、視覚を頼りにすると、新たな右側を左側だと判断してしまうでしょう。そして、さっきまで右目だった目のある側が新たな左側になるので、視覚を頼りにすると、新たな左側を右側だと判断してしまうでしょう。

　ということは、私の身体の前後だけが入れかわったりする可能性がないからこそ、左右感覚は頼りになるのです。そうした可能性がないということは、私の身体が向きを変えるときには、必ず回転をするということです。たとえば、私が後ろを向くときには、私の身体は上下軸を回転軸にして回転します。そうすれば、私の身体の上下・前後・左右の向きの位置関係は、お互いに対して固定されたままです。つまり、私の身体は回転する物体であることを暗に前提にして、私は自分にとっての左右を判断するときに、左右感覚を頼りにしているのです。（鉄棒をしていて後ろを向く場合などには、左右軸を回転軸にして回転することもありますが、そのような場合でも、私の身体の上下・前後・左右の向きの位置関係は、お互いに対して固定されたままです。）

このことから、私が左右感覚を頼りにして自分にとっての左右を判断するとき、私の身体の上下軸と前後軸がすでに定まっていることが暗に前提になっている、ということがわかります。しかも、それだけでなく、私の身体の上下・前後・左右の向きの位置関係が固定されていることまでもが暗に前提になっているのです。

私以外の人や物にとっての左右の判断

次に、私以外の人や物にとっての左右を判断する場面を見てみましょう。

スイカ割りの挑戦者にとっての左右を判断するとき、私の左右感覚だけを頼りにするわけにはいきません。仮にスイカが視野の右のほうに見えていても、スイカが挑戦者にとって右にあるとは限りません。左右感覚によって判断できるのは、私にとっての左右だからです。

スイカ割りの挑戦者にとっての左右を判断するには、その人の身にならなければなりません。その人の身になって、その人にとっての左右を判断するのです。では、その人の身になるとは、どういうことでしょうか。

それは、私の身体を、その人の身体に重ね合わせるということです。そのためにはまず、私の身体にとっての左右を判断します。これには左右感覚が頼りになることが、先ほどわかりました。たとえば私の身体を見て、左のほうに見えるのが身体の左側で、右のほうに見えるのが身体の右側です。これを判断して把握したまま、想像の中で、私の身体を移動させます。スイカ割りを見ているとしたら、スイカ割りの挑戦者のところまで移動させせます。

さて、ここからが肝心なところです。どうやったら「重ね合わせ」ができるのでしょうか。

そのまま即座に、身体の左側と左側を、右側と右側を、というふうに重ね合わせることはできません。つまり、想像しながら移動させた私の身体の左右を、スイカ割りの挑戦者の身体の左右に、というふうに重ね合わせることはできません。スイカ割りの挑戦者にとっての左右は、これからわかることなのですから。それなら、どうすればよいでしょうか。

ここで出てくるのが上下と前後です。想像によって移動させた私の身体の上下と前後を、スイカ割りの挑戦者の身体の上下と前後に重ね合わせるのです。

身体の上下と前後、どちらを先に重ね合わせるのでもかまいませんが、まずは上下の重ね合わせから考えてみましょう。上下を重ね合わせるには、頭や足が手がかりになります。足から頭への向きが上で、頭から足への向きが下だからです。ですから、通常の場合、そしてスイカ割りのような場合には、頭と足とを重ね合わせれば、身体の上下を重ね合わせたことになります。

そこからさらに、前後を重ね合わせます。前は、後頭部から顔への向き、背中から胸や腹への向き、かかとからつま先への向きです。また、後ろは、顔から後頭部への向き、胸や腹から背中への向き、つま先からかかとへの向きです。ですから、後頭部・顔・背中・胸・腹・かかと・つま先などをそれぞれ重ね合わせると、身体の前後を重ね合わせたことになります。

このようにして、想像しながら移動させた自分の身体の上下前後を、スイカ割りの挑戦者の身体の上下前後に重ね合わせます。それができたとき、把握しておいた私の身体の左側と重なり合っているのが、スイカ割りの挑戦者にとっての左側です。右側についても同じことが言えます。

私以外の人や物にとっての左右を判断するとき、じつはこれだけのことを素早く行っています。もとになるのは、私とっての左右です。最初に自分の身体の左右を把握しておいて、それを基準にするのです。

また、私にとっての左右の場合と違い、感覚だけでなく、想像力を使っていることもわかります。最初に判断して把握しておいた私の身体にとっての左右を、想像の中で移動させ、自分以外の人や物に重ね合わせるのです。

さて、ここで二つ重要な点があります。順に見ていきましょう。
一つ目は、左右が物的なものによって定まっていないという点です。だからこそ、私以外の人や物の左右を判断するときに、重ね合わせという方法を使わなければならないのです。左右が何かしらの物的なものによって定まっているのだとしたら、上下や前後のように、それを定める物的なものを見つければよいことになります。頭や足を見つければ、足から頭への向きが上であることがわかり、頭から足への向きが下であることがわかり、などといったようにです。ところが、左右にはそれらにあたるようなものがないのです。

さて、重要なもう一点は、「重ね合わせ」のために想像によって私の身体を移動させるとき、回転を使うという点です。スイカ割りの挑戦者がこちら（私のほう）を向いているとしたら、私の身体を想像によってそのまま回転なしで移動させても、一致するのは頭と足だけです。つまり、上下の向きが一致するだけです。あとは前と後ろを一致させなければなりません。想像によって移動中の私の身体の顔はあちらを向いていて、スイカ割りの挑戦者の顔はこちらを向いていますから、顔の向きを一致させるには、想像の中の私の顔を、こちら向きになるまで回転させる必要があります。

このとき、回転軸となるのは上下軸です。左右の軸を使った回転によってでも、想像によって移動中の私の身体の顔をこちら向きにすることはできますが、そうしてしまうと、頭と足とが一致しなくなってしまいます。つまり上と下の向きが一致しなくなってしまいます。ですから、上と下を一致させたまま、想像によって移動中の私の顔をこちらに向けるには、上下軸を回転軸にする必要があるのです。

このように、回転を使って上下と前後を一致させ、「重ね合わせ」をするわけです。回転を使わなければ、私以外の人や物にとっての左右を正しく判断することができません。

仮に、人間が、回転しなくても前後の向きを変えられる生き物だったとします。先ほどの思考実験のように、上下と前後はそのままで、前後だけが入れかわるのです。後ろを向こうと思うと、後頭部は顔になり、顔が後頭部になります。背中は胸と腹になり、胸と腹は背中になり、かかとはつま先になり、つま先はかかとになり……というようにです。

このような向きの変え方で、「重ね合わせ」をするとどうなるでしょうか。スイカ割りの挑戦者がこちらを向いている場合、まずは想像によって自分の身体を移動させ、頭と足、つまり上と下とを一致させます。さて、そのあとです。想像の中で、自分の身体を回転させずに、前後の入れかえをします。そうすれば、上・下・前・後ろの「重ね合わせ」ができたことになります。

このようにして「重ね合わせ」をした場合、左右はどうなるでしょうか。想像によって移動中の私の身体の左側は、現実の私にとっての左側にあり、想像によって移動中の私の身体の右側は、現実の私にとっての右側にあることになります。つまり、スイカ割りの挑戦者にとっての左側は私にとっての左側にあり、スイカ割りの挑戦者にとっての右側は私にとっての右側にあることになります。

しかしこれは、実際の左右の成り立ちとは食い違っています。スイカ割りの挑戦者がこちらを向いている場合、その人にとっての左側は私にとって右側にあり、その人にとっての右側は私にとっての左側にあるのでなければなりません。つまり、実際の左右の成り立ちは、「重ね合わせ」をするときに、回転によって向きを変えることを前提しているのです。

Column

なぜ鏡は左右を反転させるのか？

鏡に私の身体が映っています。それは現実の私の身体と比べて、左右が反転した姿になっています。なぜ上下ではなく、左右が反転しているのでしょうか。古代ギリシャのプラトンも論じたこの問題は、単純な問題のようで、いまだに解決をみていない問題だとされています。

さて、次のような疑問が出てくるかもしれません。床が鏡になっていると、そこに映った私の身体は、上下がひっくり返ったように見えます。ということは、鏡は左右を反転させるとは限らず、上下を反転させることもあるのではないでしょうか。

しかし、床が鏡になっているような場合でも、現実の私の身体と鏡の中の私の身体とを重ね合わせると、左右が反転していることになります。たとえば、私が鏡の上に立って右手を挙げているとすると、重ね合わせによって、鏡の中の私は左手を挙げていることがわかります。

この問題をめぐってはさまざまな説が提唱されていますが、私なりに説明すると次のようになります。

鏡というものは、鏡の面に対して垂直な軸を反対向きにします。私が鏡の前に立っているとすると、前後軸が反対向きになっています。つまり、現実の私にとっての前の向きは、鏡の中の私にとっての後ろの向きへと伸びています。また、鏡の中の私にとっての前の向きは、現実の私にとっての後ろの向きへと伸びています。（私が鏡の上に立っているとすると、鏡の面に対して垂直な上下軸が反対向きになります。現実の私にとっての下の向きは、鏡の中の私にとっての上の向きへと伸びています。また、鏡の中の私にとっての下の向きは、現実の私にとっての上の向きへと伸びています。）

にもかかわらず、二つの身体を重ね合わせると、（前後でも上下でもなく）左右が反転していることになるのです。これはなぜでしょうか。

重要なのは、左右が物的なものによっては定まらない向きだという点です。左右は物的なものによっては定まらないので、鏡の中の身体にとっての左右は、その物的な特徴によっては判断できません。たとえば、鏡の中の身体が片方の手首に腕時計を付けていたとしても、そうした物的な特徴によっては、鏡の中の身体にとっての左右は判断できません。

それに対して、鏡の中の身体にとっての上下と前後は、その身体の物的な特徴によって判断できます。上下と前後は、物的なものによって定まっているからです。

ですから、鏡の中の身体にとっての左右は、その身体にとっての上下と前後を判断したあとに、判断せざるをえません。

そこで、私は自分にとっての左右を判断することから始めます。左右感覚を頼りに、私は自分にとっての左右を判断しておいて、自分の身体を想像の中で回転させます。そして、物的なものによって定まっている上・下・前・後ろを、それぞれ鏡の中の身体に重ね合わせます。上・下・前・後ろがそれぞれ一致するように重ね合わせをしますから、重なり合わずに反転しているのは（最後に判断されい）左右だということになります。

鏡が左右を反転させるのは、左右という向きが物的なものによって定まらないからです。そして、鏡の中の身体にとっての左右が、想像の中の回転によって、上・下・前・後ろをそれぞれ重ね合わせることで判断されるからです。

ここで前提になっているのは、物から伸びる三つの軸のうち、一つの軸を反対向きにすると、もとの物とぴったりとは重なり合わない物ができるということです。どうしてそうなっているのでしょうか。鏡というものは、私たちをそんな不思議へと導いてくれます。

2　左右っていったい？

左右を定めるものは何か？

左右が物的なものによって定まっていないということはすでに述べました。では、左右は何によって定まっているのでしょうか。

私にとっての左右から考えてみましょう。私にとっての左右は、何によって定まっているのでしょうか。

私の左右感覚でしょうか。私にとっての左右を判断するときには、視覚などに含まれる左右感覚を頼りにしていたのでした。たとえば、左に見えたり感じられたりするのは左手で、右に見えたり感じられたりするのは右手、といったようにです。

ところが、私の左右感覚は反転することが考えられます。ある朝、目が覚めると、世界の左右が反転して感覚されるということが考えられます。目が覚めたら窓が右側にあるはずなのに、窓は左側にあるように見えます。寝室を出ると、居間は右のほうにあるはずなのに、左のほうにあるように見えます。家の外に出ても、すべてが左右逆に見え、感じられます。（文字は鏡文字になって、とても読みにくいでしょう。）

このとき、視覚に含まれる左右感覚だけでなく、聴覚や触覚、それから筋肉や関節の感覚に含まれる左右感覚まで、すべての左右感覚が逆になってしまったと考えるとよいでしょう。その状態で寝室から出ようとすると、本当はドアの左側にあるはずのドアノブが、ドアの右側に付いているように見えます。そこで、右に感じられる手を伸ばし、ドアノブを握って回します。「カチャ」とドアの開く音が、ドアの右側から聞こえます。

筋肉や関節の感覚に含まれる左右感覚も逆になっていますから、右にあるように感じられる手を伸ばすと、実際に動くのは左手です。それでも、実際のドアノブは左側にあるので、問題なくドアをあけることができます。

つまり、実際のドアの前では、すべては左手の側で起きています。「カチャ」とドアの開く音も、左側で鳴っています。それが、感覚された世界では、すべて右手の側で起きているかのように見え、感じられ、聴こえるのです。

戸惑いは大きいでしょう。まるで鏡の中の世界にきたかのような感覚です。にもかかわらず、全部の左右感覚が反転しているので、感覚どうしの辻褄は合います。右に見えるドアノブのほうへ、右手のように感じられる手を伸ばすと、右手がドアノブに触れるのが見え、その触れる感覚（触覚）も右のほうに感じられ、ドアを開けることができます。実際にはすべて左のほうで起きているにもかかわらずです。

さて、疑問はこうです。このような状態になってしまったら、私にとっての左右は反転したことになるでしょうか。答えはノーです。居間に三人の家族がいたとして、私が「何もかもが昨日までとは左右逆になってしまった」と言うとしましょう。私以外の家族三人は、互いに顔を見合わせるなどして、そんなことはない、何も変わったことはない、と言うでしょう。私が、「こうして居間に入ると左のほうにあったはずのテーブルが右にある」と言うと、私以外の三人はそれを否定するでしょう。どうやらテーブルは、私の左にあるようなのです。

このようにして私は、左右が逆になったのは自分の感覚だけで、世界も他人たちも変わりないということを受けいれるでしょう。私の左右感覚ではテーブルは右のほうに見えますが、実際にはテーブルは私の左にあるのです。

ということは、私にとっての左右は、私にとっての左右であるにもかかわらず、私の左右感覚によって定まっているのではないということが言えます。私にとっての左右と、私の左右感覚は、食い違って逆になっていることが考えられるのですから。

それでは、私にとっての左右というものは、いったい何によって定まっているのでしょうか。それが私の左右感覚でないのだとすれば、私以外の人々の左右感覚によって定まっているのでしょうか。

ここでも答えはノーです。というのも、私以外の人々の左右感覚も、反転することが考えられるからです。

たとえば、私が居間に行って、「何もかもが昨日までとは左右逆になってしまった」と言うと、私以外の三人もそれに同意して、同じように言う場合が考えられます。この場合、私が「こうして居間に入ると左のほうにあったはずのテーブルが右にある」と言うと、私以外の三人もそれに同意します。なぜなら、三人のそれぞれが自分にとっての左右を判断し、私の身体との「重ね合わせ」をすると、右のほうにテーブルがあることになるからです。私とテーブルの位置関係が左右逆に見えているわけですから、身体の「重ね合わせ」をしたときにテーブルがあるほうも、左右逆になってしまうのです。

それなら、本当に私の右にテーブルがあるのかと言えば、そうは言えません。ここでの想定はあくまで、私たち家族の左右感覚が逆になっているという想定です。私にとってテーブルは左にあるのに、私たち家族の左右感覚では、私の右にテーブルがあるかようになっているのです。そのような想定ができるということは、私自身にとっての左右を定めているのは、私以外の人々の左右感覚でもないということです。

そうすると、私にとっての左右を定めるのは、私の左右感覚でも、私以外の人々の左右感覚でもないということになります。

この説明が正しければ、それはすべての人に一般的にあてはまります。つまり、「私にとっての左右を定めるのは、私の左右感覚でも、私以外の人々の左右感覚でもない」という説明は、すべての人にあてはまることになります。

すると、こう言えることになるでしょう。


すべての人の一人一人に、本人にとっての左右というものがある。この、本人にとっての左右というものは、本人自身の左右感覚によっては定まらないし、本人以外の人々の左右感覚によっても定まらない。

これは要するに、「誰にとっての左右であっても、それを定めるのは誰の左右感覚でもない」ということです。一般的に言って、左右というものは、左右感覚によって定まっているのではないのです。

たしかに左右感覚は、私を含めた誰かにとっての左右を判断するうえでは、頼りになります。しかしだからと言って、左右感覚によって左右そのものが定まっているとは言えないのです。

ここまでで、一般的に左右というものは、物的なものによっても左右感覚によっても定まっていない、ということがわかりました。そうするとますます不思議ではないでしょうか。左右というものは、いったい何によって定まっているのでしょうか。

「左右」という言葉の発案

左右というものは、何によって定まっているのでしょうか。「左右」という言葉を考え出した人に尋ねれば、わかるのでしょうか。「左右」という言葉を発案した人が、「左右」という向きの呼び方を決めて、「左右」という言葉を使ったのでしょうから。

その人は、とうに大昔の人でしょう。だから直接尋ねることはもちろんできません。そこで、「左右」という言葉を考え出した人の身になって、考えてみることにしましょう。

「左右」という言葉を考え出した人が、それを思いつき、ほかの人々に広めるまでは、「左右」という言葉や発想はなかったはずです。それはどんな世界だったのでしょうか。まずはそこから想像してみましょう。

「左右」という言葉や発想はなかったとはいえ、「上下」や「前後」という言葉はあったと考えられます。というのも、左右軸は最後に定まる軸だからです。すなわち、上下軸と前後軸のあとに、左右軸は定まることになっています。

ということは、「左右」という言葉を考えた人は、上下軸と前後軸のあと、最後になって定まって出てきた左右軸にあたる軸に注目し、その両側を「左右」という言葉で呼ぼうとした人です。その人の身になって、私たちは考えようとしていることになります。

ここで疑問をもつ人がいるかもしれません。左右軸にあたる軸が定まっているのに、「左右」という言葉がまだ生まれていない状況はありうるのだろうか、という疑問です。

じつはこれは、ありうる状況です。この状況では、左右軸にあたる軸の両側は、物的なものがもつ特徴によって呼ばれていたと考えられます。たとえば、「あなたの利き手のほうに蝶々が飛んでいますよ」などのようにです。蝶々が飛んでいるのは、その人の「上」でも「下」でも「前」でも「後ろ」でもない、とすると、どのように蝶々のいるほうを呼ぶのかといえば、利き手などの物的なものにもとづいた向きによって呼ぶことになります。左右軸があっても「左右」という言葉がまだ生まれていない状況とは、そのような状況だったと考えられます。

あるいは、方角を使って呼ぶこともされていたかもしれません。たとえば、「あなたから南のほうに蝶々が飛んでいますよ」のようにです。このように、蝶々が飛んでいるのがその人の「上」でも「下」でも「前」でも「後ろ」でもないとき、方角を使って左右軸にあたる軸の向きを呼んでいたかもしれません。これもやはり、左右軸にあたる軸があっても「左右」という言葉がない状況です。(世界には、実際にそのような言語が少なからず存在するようです。)

ところで、東西南北のような方角は、物的なものによって定まっています。たとえば西という方角は、太陽が地平線に沈む方角、東京から見た京都の方角、アジアから見たヨーロッパの方角、などのように定まっています。つまり、天体運動の特徴、地理や地形の特徴などによって定まっているのです。スケールは巨大ですが、地球を含めた天体という物的なものによって、東西南北は定まっているのです。

ですから、天体運動の特徴や、地理・地形・地磁気などの物的なものの特徴が変わってしまえば、東西南北もなくなったりしてしまいます。

遠い未来、何らかの原因で、地球が自転をやめてしまったとしましょう。それに加えて、地形や地磁気などが、すっかり変わってしまったとしましょう。つまり、現在の東西南北を定めていたものが、なくなってしまったり、すっかり変わってしまったりした未来世界です。地球から見た天体は運行をやめ、地磁気や地表は様変わりしています。この未来世界で、東西南北はどうなっているでしょうか。たとえば、西はどうなっているでしょうか。太陽などの天体が地平線に沈む方角は、もうありません。「東京から京都」「アジアからヨーロッパ」のような地理的な基準も、もうありません。羅針盤も役に立ちません。（未来世界を考えるかわりに、宇宙飛行士として、地球とはまったく異なる惑星に降り立った場合を考えてみてもよいでしょう。）

このような場合、西の方角がただわからなくなってしまったのではありません。西の方角はもうないのです。「西の方角は、わからなくなっただけで、じつはあるのだ」と考えようとしても、そもそもどう考えてよいのかがわかりません。そのように考える根拠が、まるごと変わってなくなってしまったのですから。

以上のことから、東西南北という方角は、地球を含めた天体という物的なものによって定まっている、ということがわかります。

「左右」という言葉がなかったとき、左右軸にあたる軸の両方の向きは、物的なものによって定まる向きを利用して呼ばれていたと考えられます。このときの物的なものとは、身体や地球を含めた天体などの物です。

ですから、「左右」という言葉を考え出した人は、こうした状況で、物的なものによっては定まらない二つの向きを見つけたのです。物的なものの特徴によっては定まらない二つの向きを見つけ、それらを「左」「右」と名付け、左右軸にあたる軸の二つの向きにあてはめたのです。

さて、状況は少しずつはっきりしてきました。このような状況で、どうしたら「左右」という言葉を発案したことになるでしょうか。それを私たちは考えたいのでした。

とにかく、片方を「左」、もう片方を「右」と呼んだことは確かです。そして、それらの向きを、物的なものによっては定まらない向きとして考えたはずです。たとえば、「左右」という言葉を考えた人が右利きだったとしても、利き手ではないほうの手から利き手への向きを「右」と名付けたわけではありません。仮に利き手などの特徴が逆になったとしても、そのまま変わらず同じである向きのことを「右」と名付けたはずです。

このとき、左右感覚が頼りにされたと考えられます。身体などの物的なものの特徴がどうであれ、とにかく左右軸の片方に感覚される向きを「左」と名付け、もう片方に感覚される向きを「右」と名付けたと考えられます。つまり、片方に感覚される向きを、（そちらに何が感覚されていようと）「左」と呼ぶことにし、もう片方に感覚される向きを、（そちらに何が感覚されていようと）「右」と呼ぶことにしたはずです。これなら、利き手がどちらであったとしても、それとは関係なく、「左」と「右」が名付けられることになります。

「左右」という言葉によって伝えられるのは左右感覚ではない

それでは今度は、こうして考え出された「左右」という言葉が、どのようにして人に伝えられ、広まっていったのかを想像してみることにしましょう。

「左右」という言葉の発案者が、それを話し相手に教えようとしているところです。どうすれば教えられるでしょうか。

左手を振りながら、「こちらに感覚される向きが左です」と言い、右手を振りながら、「こちらに感覚される向きが右です」と言えばいいでしょうか。これでは誤解を招きかねません。話し相手がこちらを向いていたとしたら、その人は右手を振りながら、「こちらに感覚される向きが左ですね」と言い、左手を振りながら、「こちらに感覚される向きが右ですね」と言うかもしれないからです。こちらを向いている話し相手にとっては、こちらの左手はあちらの右手側に見えていて、こちらの右手はあちらの左手側に見えているからです。

このような誤解を防ぐためには、話し相手側のほうに行って、身体を重ね合わせるようにして教える必要があります。たとえば、話し相手の左手をとって、それを振りながら、「こちらに感覚される向きが左で」と言い、話し相手の右手をとって、それを振りながら、「こちらに感覚される向きが右です」と言って教えればよいでしょう。(そのように教えなければ、現在まで伝わっているようなしかたで「左右」という言葉は伝わってこなかったでしょう。)

さて、このようにして、「左右」という言葉を教えることができたとします。すると、ある可能性が出てきます。それは、左右発案者が、「左右」という言葉を誤って使う可能性です。その人が「左右」という言葉を考え出したにもかかわらずです。

ある日突然、左右発案者の左右感覚が反転したとします。すると、世界が左右反転したように感じられますから、とても驚くことでしょう。それでも、「左右」という言葉を人に教える前なら、「左」と呼んだ向きに感覚される向きを「左」と呼びつづけ、「右」と呼んだ向きに感覚される向きを「右」と呼びつづければよいことです。

ところが、「左右」という言葉を人に教えたあとになると、そのようなわけにはいきません。たとえば、「左」と呼んだ向きに感覚される向きを「左」と呼びつづけていると、教えた相手には、右手を挙げて「左」と言っているように見えます。すると、「そちらは右ですよ」と、訂正がなされる可能性が出てきます。「左右」という言葉を人に教える前は、自分の左右感覚だけが頼りだったので、人から訂正される可能性はありませんでした。ところが、人に教えたあとでは、自分以外の人の左右感覚にもとづいて、訂正がなされる可能性が出てきます。

このような訂正の可能性が出てくるということは、どういうことでしょうか。それはつまりこういうことです。左右発案者が、「左右」という向きを左右感覚によってしっかりと定めたと思ったとします。だとしても、「左右」という言葉を人に教えたあとには、教えた相手によって訂正される可能性が出てきてしまうということです。

それでは、「左右」という言葉の指す向きは、何によって定まっているのでしょうか。

「左右」という言葉を教えた相手の左右感覚によって定まっているのでしょうか。そうとは言えないでしょう。なぜなら、相手の左右感覚も、左右感覚である以上、反転する可能性が考えられるからです。すなわち、正しい左右と比べて、反転してしまう可能性が考えられるからです。

それでは、「左右」という言葉がもっと広まったとして、そのとき多数派の左右感覚が正しいことになるのでしょうか。すなわち、お互いに一致する多くの人の左右感覚が、左右の向きを定めることになるのでしょうか。

これも、そうとは言えないでしょう。というのは、多数派の左右感覚であっても、左右感覚である以上、それが反転してしまう可能性を考えることができるからです。（その場合、少数派がいたとしたら、少数派の人々の左右感覚が正しいことになります。）

さらに言えば、こういう可能性も考えられます。それは、最初から左右感覚が人によって異なっている可能性です。この場合、「左右」という言葉は問題なく広まっています。あたかも皆、「左右」について問題なく一致しているかのようです。にもかかわらず、じつは左右感覚は人によって異なっているのです。

これはいったいどういう場合なのでしょうか。それを詳しく考えるために、ここで色を指す言葉について考えてみましょう。

色を指す言葉については、現に皆、問題なく一致しています。たとえば「赤」という言葉で指しているのは、熟したトマトや郵便ポストなどの色です。しかし、こういう疑いをもったことはないでしょうか。つまり、熟したトマトや郵便ポストなどを見るとき、それぞれの人に見えている色は、じつは異なっているのではないか、という疑いです。たとえば、ある人がトマトを見て「赤」と呼ぶ色は、それを聞く人なら「緑」と呼ぶ色なのではないか、というような見えかたに関して、少なくとも二種類の人間がいることになります。いわゆる「ポジ」の見えかたを経験する人間と、「ネガ」の見えかたを経験する人間です。これらの見えかたはお互いに逆転した関係にありますが、この逆転関係は誰にも見えません。一人の人間はあくまで一種類の見えかたしか経験できないため、二種類の見えかたを比べる視点というものがないからです。しかしだからこそ、たとえば「赤」という言葉について、普段は疑いもなく、人間どうしで一致することができるのです。

同じような疑いが、「左右」という言葉についても可能です。つまり、左右の見えかたに関して、少なくとも二種類の人間がいるという疑いです。この二種類の人間は、一方からすれば他方が、鏡の中の世界に住んでいるようなものです。しかし、両者の違いは発覚しません。

たとえば、二人の人間が並んで立っているとします。じつはこの二人は、お互いに鏡に映ったような世界に生きています。ところが、この違いは発覚しません。一人が、「右のほうに山がある」と言って、山を指さしたとします。もう一人から見ると、その人は左のほうにある山を指さしています。ところが、このもう一人の人は、そちらのほうを「右」と呼んでいるのです。ですから、「そうだね、右のほうに山があるね」と言い、相手に同意することができます。左右感覚が反転していても、左右の呼びかたもまた逆になっているのです。そうすると、左右という言葉の使いかたはどこまでも一致してしまい、左右感覚の反転は発覚しません。

こうした二人は、一人が「☞」というものを見ているとき、もう一人は「☜」というものを見ている、という関係にあります。しかし、物的世界の紙の上には、「☞」と「☜」の両方が一つの場所に存在することはできません。物的世界の紙の上には、「☞」と「☜」のどちらかだけが存在します。ということは、ここでの二人のうち、一人は物的世界の左右をそのままに感覚し、もう一人は物的世界の左右を反転したしかたで感覚していることになります。(色感覚の逆転の場合に同じことが言えるかどうかを考えても興味深いでしょう。)

さて、物的世界の左右を反転したしかたで感覚する人を、左右反転人と呼ぶことにしましょう。左右反転人が存在しうるとすると、左右発案者が最初に「左右」という言葉を教えた相手は、左右反転人だったかもしれません。

左右発案者は、左右感覚を頼りに、「左」と「右」の向きを名付けます。そして、その言葉を教える相手には、身体を重ねるようにして、「左」と「右」を指し示して教えます。ところが、その相手は左右反転人かもしれません。その場合、左右発案者が「左」に感じるほうは「右」と理解され、左右発案者が「右」に感じるほうは「左」と理解されることでしょう。「左右」というものを、その発案者が感じるのとは逆にして理解してしまうわけです。それでも、ここでの誤解が発覚することはありません。たとえば、「左右」という言葉を教わった人が、左右発案者なら「左」に感じるほうの手を挙げて、それを「右手」と呼んだとしても、左右発案者にはきちんと「右手」を挙げているように見えるのです。

つまり、左右発案者は、左右感覚を頼りに「左」と「右」の向きを名付けるのですが、その言葉を人に教えると、左右感覚は人によって反転していてもかまわないようなものになるのです。ということは、「左右」にあたる言葉を教えるときに伝えられるのは、左右発案者の左右感覚ではないということです。

左右原器

それでは、いったい何が伝えられるのでしょうか。

ここで重要になってくるのは、身体の重ね合わせです。まず、左右発案者が、自分の身体の左右軸の両側に、「左」「右」という言葉を割り振ります。「左右」という言葉を教わる人は、自分の身体を使ってそれを教わります。すなわち、左右発案者にとっての「左」と重なり合うほうが「左」で、左右発案者にとっての「右」と重なり合うほうが「右」だ、というふうに、自分の身体を使って「左右」という言葉を教わります。ここで「左右」というものを固定しているのは、左右感覚ではなく、左右発案者の身体です。左右感覚が人によって反転していても、どうであっても、左右発案者の身体の「左」と重なり合うほうが「左」で、「右」と重なり合うほうが「右」なのです。そのようにして「左右」という言葉は教えられ、広まっていきます。

つまり、「左」という言葉の意味は、「左右発案者の身体の左と重なり合うほう」という意味になっています。そして、「右」という言葉の意味は、「左右発案者の身体の右と重なり合うほう」という意味になっています。ここでは左右感覚の反転は関係なくなっています。仮に左右感覚が反転していても、「重なり合うほう」については一致するからです。

こうして、身体の重ね合わせによって、「左右」の意味は伝わり、広まっていきます。いったん広まりはじめれば、左右発案者の身体は必要なくなります。たとえば、左右発案者から「左右」という言葉を教わった人が、ほかの人に「左右」という言葉を教えたとします。このときもまた、身体の重ね合わせによって、「左右」という言葉は教えられるでしょう。すると、ここで教わる人は、教えている人の身体の「左」と重なり合うほうを「左」と呼ぶようになり、教えている人の身体の「右」と重なり合うほうを「右」と呼ぶようになります。左右発案者の身体がそこになくても、問題ありません。というのも、ここで教わる人が、左右発案者と身体を重ね合わせたとしたなら、「左」と呼ぶほうと「右」と呼ぶほうは、左右発案者とも一致するだろうからです。「また聞き」ならぬ「また教え」をしても、左右発案者の身体の「左右」と正しく重なり合うであろうしかたで、「左右」という言葉は教えられ、伝わっていくのです。つまり、きちんと身体の重ね合いをして教えたなら、左右発案者の身体の「左右」とずれることなく、「左右」という言葉は伝わっていきます。

もしどこかの時点で誤って伝わってしまい、「こちらが左で、こちらが右だ」「いや、こちらが右で、こちらが左だ」というように、左右を互いに逆に呼ぶ二つのグループができたとします。その場合には、左右発案者の出番となるでしょう。つまり、左右発案者の身体の「左右」と正しく重なり合うように「左右」という言葉を使っているグループのほうが、正しく言葉が伝わっているグループということになるでしょう。ということは、「左右」という言葉の意味を定めているのは、やはり左右発案者の身体なのです。

このことは、左右発案者がはるか昔にいなくなってしまった現在でも、言えることです。現在でも、子どもが生まれて成長してくれば、大人が身体の重ね合わせをして、「左右」という言葉を教えます。たとえば、「お箸をもつほうが右」というふうに教えようと思ったとしても、子どもの利き手が逆であれば、「お箸をもつほうが左」というふうに、相手に合わせて教えるでしょう。それは、大人が自分の身体と子どもの身体とを重ね合わせて、子どもにとっての「左右」を判断しつつ、それを教えるからです。

したがって現在でも、もし左右発案者の身体がどこかに残っていれば、その身体の「左」と呼ばれたほうと「右」と呼ばれたほうは、私たちが身体の「左」と呼ぶほうと「右」と呼ぶほうに、それぞれ一致するでしょう。もし一致しないと判明するようなことがあれば、私たちは「左右」という言葉の使い方について見直しを迫られることでしょう。その場合、どこかで言葉が誤って伝わったことが疑われるからです。

だとすると、こういうことが言えないでしょうか。私たちは左右発案者のことをすっかり忘れて「左右」という言葉を使っていますが、今でも「左右」という言葉の意味を定めているのは、左右発案者の身体なのだ、と。左右発案者の考え出した「左右」が、今でも正しく伝わっていると暗に前提して、私たちは「左右」という言葉を使っているのです。

この考えにしたがえば、左右発案者の身体を、左右原器と呼ぶことができるでしょう。

一メートルの基準として作られた、メートル原器というものがあります。すでに一メートルの基準としては使われていないようですが、それまではこのメートル原器が、正しい一メートルを定めていました。メートル原器を基準として一メートルのものさしが作られ、そうして作られたものさしで一メートルを測る、という発想があったということです。ものさしで測られた一メートルは正しい一メートルと見なされるので、測られた一メートルで、さらに一メートルを測ることができます。そのようにして「一メートル」が伝えられていくうちに、少しずつ誤差が生じていくでしょう。そのとき、メートル原器に立ち返れば、誤差を正すことができたというわけです。

これになぞらえて、左右の基準としての左右原器があったと考えることができます。それは左右発案者の身体です。幸いにして左右は、伝えられていくうちに誤差が生じる可能性を考えにくいですが、そうであったとしても、「左右」という言葉の意味を定めているのは左右発案者の身体、すなわち左右原器です。仮に今後、「左右」という言葉の伝わりかたについて、異なる二つの集団が生じるようなことがあったとしたら、「左右原器が残っていたらよかったのに」ということになるかもしれません。それはやはり、左右原器が残っていなくても、それが今でも暗に「左右」という言葉の意味を定めているからです。

左右原器を残しておきたかったとしたら、左右発案者の身体をどうにかして保存しておくしかないでしょう。そして、左右発案者が「左」と呼んだほうに「左」という印を付け、「右」と呼んだほうに「右」という印を付け、保存しておくことになるでしょう。

「左右」という言葉が正しく伝わっているかどうかを確認したい場面が出てきたら、その身体との重ね合わせによって確認します。幸いそのような場面がないのは、

「左右」という言葉が誤った広まりかたをすることが考えにくいからです。それだから、左右原器を残しておいたほうがよかったという発想が出てきにくいのです。

Column

左右反転眼鏡の実験

左右反転眼鏡というものを知っているでしょうか。視覚に左右反転が起きるように仕掛けが施してある眼鏡です。この眼鏡をかけると、左のほうにあるはずの物が右のほうに見えるようになり、右のほうにあるはずの物が左のほうに見えるようになります。

この眼鏡をかけた人は、大変な苦労を経験することになります。たとえば、右のほうに見えるコップを取ろうとすると、実際にはコップは左にありますから、左手を伸ばさなければいけなくなるのです。うっかり右手を挙げてコップを取りそこねる、といったことをくり返し経験することになります。これでは日常生活もままならなくなってしまいます。

ところが、非常に興味深いことに、左右反転眼鏡を二週間ほどかけつづけていると、順応が起きるそうです。手を伸ばしてコップを取るような動作も、スムーズにできるようになるのだそうです。

ということは、左右反転眼鏡をかけつづけると、視覚がもとに戻るのでしょうか。左右が反転していた視覚が、反転していなかったときのように、もとどおりになるのでしょうか。

そうではないようなのです。視覚の左右は反転したままで、身体感覚の左右が逆になるようなのです。たとえば、実際には左のほうにあるコップは、右のほうに見えるままです。ところが、左右反転眼鏡に順応すると、左手が右のほうにあるように感じられるようになります。そして右手は、左のほうにあるように感じられるようになります。すると、右のほうに見えるコップを取りたいときには、右のほうにあるように感じられる手を伸ばせばよいことになります。そのとき実際には、左手を伸ばし、左のほうにあるコップを取ることになります。感覚としては右のほうで起きていることが、実際には左のほうで起きています。それでも、身体感覚の左右が逆になっていると、スムーズに動作ができるようになるのです。

左右反転眼鏡に順応した人の左右感覚は、物的世界の左右と比べて反転しています。視覚にそなわった左右は物的世界の左右と比べて反転していますし、身体感覚にそなわった左右も物的世界の左右と比べて逆になっています。それでも、コップを取ったりといった動作は、問題なくできるのです。

だとすると、生まれたときから左右感覚が（物的世界の左右と比べて）反転している左右反転人も、考えられることになります。生まれたときから左右反転眼鏡をかけた経験をしているような人です。実際には左のほうにあるコップは、左右反転人には右のほうにあるように見えます。ですが、左右反転人は、生まれたときから反転した左右感覚をもちながら動作することを学んできているので、右のほうに感じられる左手をスムーズに伸ばし、コップを取ることができます。

また、左右反転人は、「左右」という言葉も問題なく使えるでしょう。たとえば、左右反転人が「左」という言葉を教わるとき、大人はこの人にとっての左のほうを指して「左」と言います。左右反転人には、その向きは右のほうに感覚されます。それでも、左右反転人は、右のほうに感じられる向きが「左」だと思いますから、右のほうに感じられる左手を挙げて、「左」と言えるようになります。大人は、正しく「左」という言葉を教えることができたと思うことでしょう。左右反転人は、動作もスムーズにできて、「左右」という言葉も問題なく使えます。だとすると、(左右反転人を含めた)私たちにはわからないだけで、左右反転人は実際にいるかもしれないと疑うことができます。左右反転眼鏡はその疑いに現実的な説得力を与えている、そうは言えないでしょうか。

3　次元と左右

左右感覚と内面

ここで一つの疑問に応えておきましょう。私はこの本の冒頭で、内面のようなものを前提せずに考えたいと書きました。それなのに、左右反転人が存在しうるとしたら、感覚をもつ本人にしか知りえない内面があり、その内面の中に左右感覚があることにはならないか、そう疑問に思う人がいるかもしれません。

この疑問に応えるために、脳科学の進歩によって、左右反転人が本当にいることがわかったとしてみましょう。脳の視覚野などの構造が特殊な人がいて、そのような人の感覚は、左右が反転しているということがわかるのです。

すると、感覚をもつ本人にしか知りえない内面の中に左右感覚があるとは言えなくなります。脳を調べれば、その人の感覚がどうなっているのかがわかるからです。

そう考えたとしても、すなわち、感覚をもつ本人にしか知りえない内面のようなものを前提しなかったとしても、左右反転人の想定は可能です。それどころか、その想定はさらに現実味を増すと言えるでしょう。脳を調べれば、誰が左右反転人なのかがわかるようになるのですから。

そのうえ、仮に左右反転人が本当にいることがわかったとしても、「左右」という言葉の使われかたに変化は起きません。左右反転人であっても、「左右」という言葉の使いかたを改める必要はないのです。なぜなら、すでに論じたように、「左右」という言葉によって伝えられるのは、左右感覚ではないからです。左右原器を発端とする「左右」という言葉、すなわち、回転を伴う身体の重ね合わせによって伝わってきた「左右」という言葉を、左右反転人はすでに正しく使えているのです。

さらには、左右反転人が左右感覚とともに感覚している対象も、内面の中にあることにはなりません。たとえば、左右反転人が片手に熱さを感じているとします。その熱さは、物的世界では、左右反転人にとって反対の手にあります。だからといって、左右反転人が感じている熱さが、左右反転人の内面の中にあることにはなりません。左右反転人は、物的世界にある熱さを感じており、それをただ反対の手に感じている、そう考えることができるのです。

仮に私が左右反転眼鏡をかけたとしたら、私の右に見えていたコップは、私の左に見えるようになるでしょう。私に見えていたのが物的世界にあるコップだったとしたら、左右反転眼鏡をかけた瞬間からそのコップが私の内面の中にあるようになるわけではありません。物的世界にあるコップが、ただ反対側に見えるようになるのです。それと同じように、左右反転人が反転した左右感覚とともに対象を感じているとしても、だからといって、その対象が左右反転人の内面の中にあるということにはならないのです。

観念論

私は宇宙空間の中心にいます。これは端的な事実ではないでしょうか。百何十億年もつづいてきた広大な宇宙空間の中に、ほんの数十年前から、私というものが存在しはじめました。そして、私が存在しはじめたとき、宇宙空間は私を中心にして広がるようになったのです。

自分のことを「私」と呼ぶ人間はこれまでたくさん存在してきましたし、いまもたくさん存在しています。それでも、そのうちのたった一人だけが、本当の私です。本当の私を中心にして、宇宙空間は広がっているのです。

つまり、宇宙空間は、「私」の数だけ中心があるというありかたをしていません。本当の中心はたった一つです。たった一つの中心から、宇宙空間は広がっています。

そのように言うと、観念論と呼ばれるような立場を主張していると思われるかもしれません。すなわち、宇宙空間は私の心の中にあり、私の心が作り上げたものだ、と考える立場です。この立場にしたがえば、私の心が存在しはじめたときに宇宙空間は存在しはじめ、私の心が存在しなくなれば、宇宙空間も存在しなくなることになります。

私はそのような主張をしているのではありません。この私が存在しなかったときにも、宇宙空間はたしかに存在したでしょう。ただ、宇宙空間には中心がなかったのです。そこに私が生まれ、存在しはじめたとき、宇宙空間に中心ができました。そして私が死に、存在しなくなっても、宇宙空間は存在しつづけるでしょう。中心を失った宇宙が存在しつづけるのです。

ウィトゲンシュタインの一次元空間

このことを詳しく考えるために、ウィトゲンシュタインが描いた図を使ってみましょう。ウィトゲンシュタインは『論理哲学論考』(六・三六一一節)の中で、こんな図を描きました。

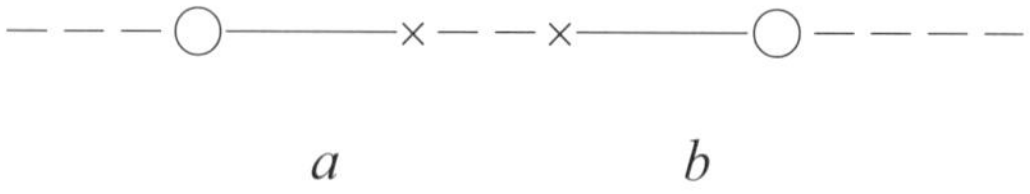

図1

この図は、一次元空間を表しています。つまり、線的なもののしかない空間です。その一次元空間に、aとbという二つの物が存在しています。

物aと物bは、それぞれ、線で表されるような部分をもっています。そして、その両端に、互いに異なる二つの特徴をもっています。それらの特徴が、○と×として表されています。

図の中の点線は、何もない空間を表していると考えるとわかりやすいかもしれません。ですが、「何もない空間」という考えかたに抵抗を感じるようなら、そこには空間さえもないと考えてかまいません。(その場合、物aと物bは、特徴×のところで触れ合っていることになりますが、そう考えてもかまいません。)

さて、物aと物bは、まったく同じ性質を備えていると言えます。双方とも、特徴○と特徴×をもっています。また、特徴○と特徴×の間にある部分も、双方でまったく同じです。

にもかかわらず、物aと物bの間には違いがあります。まったく同じ性質を備えているにもかかわらず、一次元空間の中ではぴったりと重なり合うことができないのです。仮に物aが一次元空間の中を動いて、物bに重なることができたとしましょう。それができたとしても、物aがもつ特徴○は、物bがもつ特徴×の位置にあることになってしまいます。また、物aがもつ特徴×は、物bがもつ特徴○の位置にあることになってしまいます。

物aと物bがぴったりと重なり合うためには、二次元空間が必要になります。たとえば、物aが一八〇度回転して、物bのところまで動くのです。そうすれば両者はぴったりと重なり合いますが、物aであれ物bであれ、回転をするためには、二次元空間の上を動くことが必要になります。

つまり、空間に一次元しかなかった場合には、物aと物bはぴったりと重なり合うことができないのです。双方とも同じ性質を備えているにもかかわらずです。

それはなぜでしょうか。

ウィトゲンシュタインの図を見ていると、物aと物bの向きが違うからだ、と言いたくなります。

ここで、「向き」という言葉を使わなくても物aと物bとがぴったりと重なり合わない理由は説明できる、という考えも出てくるでしょう。特徴○と特徴×の並びかたによって説明できる、という考えです。物aと物bを見ると、二つの特徴×の外側に二つの特徴○がある、という並びかたをしています。このとき、二つの特徴×を重ね合わせると、二つの特徴○は、重なり合った二つの特徴×の外側にあるままです。そこで物aか物b（もしくはそれら両方）をさらに動かして、二つの特徴○を重ね合わせようとすると、重なり合っている二つの特徴×は互いに離れていかざるをえません。だから物aと物bはぴったりと重なり合わないのだ、という説明です。

このような説明は正しいかもしれませんが、それでも、「物aと物bがぴったりと重なり合わないのは、物aと物bの向きが違うからだ」と言いたくなります。

二つの特徴×の外側に二つの特徴○があるという並びかたがあるだけではなく、物aと物bとの間には違いがあり、それは向きの違いなのだ、と言いたくなります。そのときに言い表したくなっているのは、どのようなことなのでしょうか。

物aと物bとの間に違いがあり、それが向きの違いなのだとすれば、その向きの違いは、特徴○と特徴×を使って言い表すことはできません。たとえば、物aの向きを言い表すために、「物aには特徴○から特徴×への向きが備わっている」とか、「物aには特徴×から特徴○への向きが備わっている」のように言ったとしても、同じことが物bについてもあてはまります。物bにも、特徴○から特徴×への向きと、特徴×から特徴○への向きが備わっているからです。だとすると、特徴○と特徴×を使ってでは、物aと物bの向きの違いを言い表すことはできません。

そこで、物aと物bの向きの違いを特徴○と特徴×を使って言い表すために、次のように言ったとしましょう。

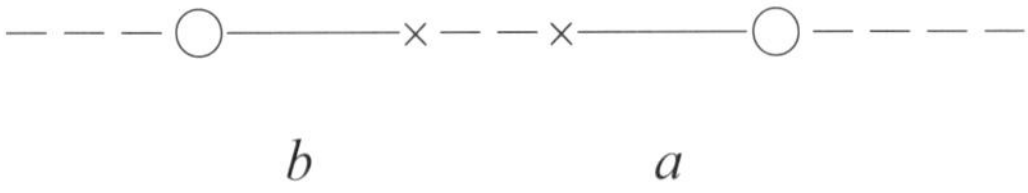

図2

物aの特徴○から特徴×への向きを延長すると、その向きは、物bの特徴○から特徴×への向きと同じではない。また、物bの特徴○から特徴×への向きを延長すると、その向きは、物aの特徴○から特徴×への向きと同じではない。したがって、物aの特徴○から特徴×への向きと、物bの特徴○から特徴×への向きは、同じ向きではない。

しかし、このような言い表しかただと、図2の場合にも同じことがあてはまってしまうことになります。

図1は、この図2とは異なっています。図1の物aと物bの一方、または両方がいくら動いても、図2のようになることはできません。なぜでしょうか。それは、図1と図2では、物aと物bの向きがそれぞれ異なっているからだ、

そう言いたくなります。

この向きの違いは、特徴○と特徴×を使ってでは言い表せません。特徴○と特徴×を使って先ほどのような言いかたをしても、それは図1と図2に同じようにあてはまってしまうからです。

ここで、図1と図2はそもそも異なっていない、という反論がありうるでしょう。図1と図2が異なっていると言いたくなるのは、私たちが「物a」「物b」という名前を付けたからだ、という反論です。そのように名前を付けず、それぞれの図にただ二つの物があるのだとしたら、二つの図に違いはありません。この反論が正しいなら、二つの図の間に、特徴○と特徴×を使って言い表せない向きの違いはありません。二つの図はそもそも異なっていないからです。

また、図1の中の物aと物bの一方または両方がいくら動いても、図2のようにはならないとしたら、二つの図において「物a」「物b」という名前を共通して使うことはできない、とも考えられます。図1の中の物aと物bが動いたあとの図として図2が描けるなら、二つの図における物aと物bとにそれぞれ同一性があり、同じ名前を使う意味を見出せるが、というわけです。

もしそうだとしたら、図2を描くことに意味はなくなります。そして、図1だけを見て、先ほどのように、「物aの特徴○から特徴×への向きと、物bの特徴○から特徴×への向きは、同じ向きではない」と、言えばよいことになります。あるいは、「物a」「物b」という名前を使わないなら、「片方の物の特徴○から特徴×への向きと、もう片方の物の特徴○から特徴×への向きは、同じ向きではない」と言えばよいことになります。そうすれば、二つの物の間にある向きの違いを、物の特徴を使って言い表せることになります。

だとすると、ウィトゲンシュタインの一次元空間において、特徴○と特徴×を使ってでは言い表せない向きは、ないのでしょうか。

ある、と考えるためには、私自身がウィトゲンシュタインの一次元空間に入り込む必要があります。すなわち、一方の物が私の身体だと想定するのです。

そこで、「物a」「物b」という名前を使うかわりに、ウィトゲンシュタインの一次元空間を、図3のように描いてみます。

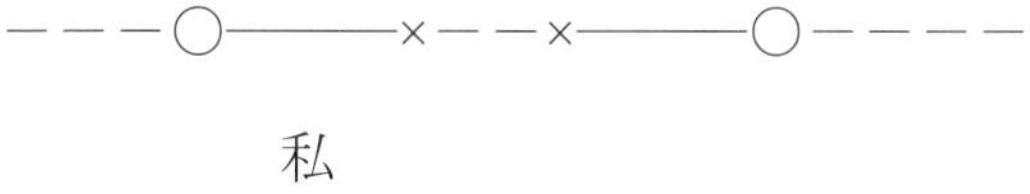

図3

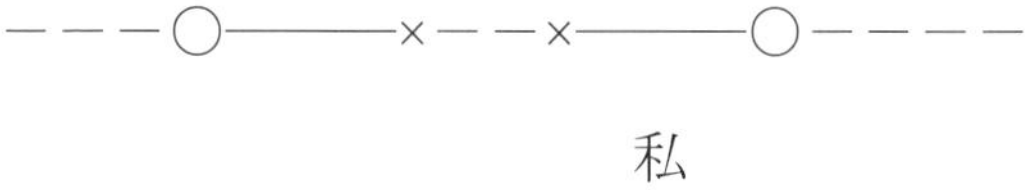

図4

私は図3の中にいます。ウィトゲンシュタインの一次元空間にある二つの物のうち、片方の物が私の身体です。すると、もう片方の物は、私の身体ではありません。そこで、図3の中の私は、私の身体でないほうの物が私の身体だったなら、と想像することで、図4のような想定をすることができます。

図3と図4の間に、物の特徴によって言い表すことのできる違いはありません。二つの図において、物的に成り立っていることはすべて同じだからです。

しかしながら、図3と図4は決定的に異なっています。私の身体がどちらの物であるかが異なっているのです。そして、そのことによって、私の身体の向きが異なっています。

この向きの違いは、物の特徴によって言い表すことができません。たとえば、図3の中にいる私が、「私の身体がもつ特徴○から特徴×への向きと、私の身体でない物がもつ特徴○から特徴×への向きは、同じ向きではない」と言うとします。しかし、その言いかたでは、図4の想定の中でも同じことが正しく言えることになります。すなわち、私の身体が図4のように想定されたほうであったとしても、「私の身体がもつ特徴○から特徴×への向きと、私の身体でない物がもつ特徴○から特徴×への向きは、同じ向きではない」と正しく言うことができます。図3と図4の両方について正しくなるような言いかたでは、図3と図4の間にある向きの違いを言い表すことができません。

それなら、たとえば図3の中にいる私が、図4のような想定をしながら、「私の身体がもつ特徴○から特徴×への向きと、私の身体でない物が私の身体であったならと想定したときの私の身体がもつ特徴○から特徴×への向きは、同じ向きではない」のように言えばよいのでしょうか。この言いかたなら、図3と図4の間に生じている向きの違いを言い表すことができるでしょうか。

そうはいきません。なぜなら、図4の中の私が図3のような想定をしたなら、同じことを正しく言えるからです。図3と図4の両方において正しく言えるような言いかたでは、図3と図4の間にある向きの違いを言い表すことはできません。

その向きの違いとは、図3の中にいる私が、図4のような想定をしたうえで出てくる、私の身体がもつ向きの違いです。図3の中にいる私は、自分の身体が、図4の想定のような向きではなく、図3のような向きをもっていると言いたいのです。物の特徴を使ってそれを言い表そうとしても、図3と図4の中で同じように正しく言えることとしか言い表せません。

このように、私がウィトゲンシュタインの一次元空間に入り込み、片方の物が私の身体になると、特徴○と特徴×を使ってでは言い表せない向きの違いが現れます。物の特徴を使ってでは言い表せない向きの違い、それは左右の向きの違いです。

たとえば、図3の中にいる私が、「私の身体がもつ特徴○から特徴×への向きは、右の向きである」のように言えるとします。そして、図4の中にいる私も、同じことを言ったとします。このとき、同じことが言われているものの、いずれかが誤っている、と考えられるようになります。左右は物の特徴によっては定まっていないからです。つまり、図4の中に私がいるなら、「私の身体がもつ特徴○から特徴×への向きは、左の向きである」と言うのが正しい、と考えられるようになるのです。

左右の存在的先行性

ここで疑問が生じるでしょう。左右軸というものは、上下軸と前後軸が定まったあとに出てくるのではなかったか、という疑問です。上下軸と前後軸が左右軸よりも先に定まるのだとしたら、一次元しかない空間にある向きの軸は、上下軸もしくは前後軸なのであって、左右軸ではないはずだと、そう思われるかもしれません。

それでは、ウィトゲンシュタインの一次元空間にある二つの物に、身体のような特徴が備わっていたとして、特徴○のほうに感覚器官が集まっていたと考えてみましょう。すると、特徴×から特徴○への向きを「上」と呼び、特徴○から特徴×への向きを「下」と呼ぶのがふさわしいように思われるかもしれません。では、「上」「下」という言葉を使い、図3と図4の間にある向きの違いを言い表すことはできるでしょうか。

答えは否です。二つの物に備わった特徴○のほうに感覚器官が集まっていたとして、「上下」という言葉が使えたとしても、たとえば図3において私が言い表せるのは、せいぜい、「私の身体の特徴×から特徴○への向きは上であり、私の身体の特徴○から特徴×への向きは下である」ということです。しかし、この表現は、図4の私の身体についても正しいことになります。なぜなら、図4の中の私の身体についても、特徴×から特徴○への向きは「上」であり、特徴○から特徴×への向きが「下」だと言えるからです。したがって、図3と図4の間にある向きの違いは、「上下」という言葉を使ってでは言い表せません。

では、図3において私の身体があるほうの向きに重力がはたらいていたとしたらどうでしょうか。その場合、図3における私は、「私の身体がもつ特徴×から特徴○への向きは下である」と言えるようになります。この表現であれば、図4における私が同じように言えるということにはなりません。つまり、図4における私は、「私の身体がもつ特徴×から特徴○への向きは上である」と言わなければなりません。

しかしながら、重力の向きは、あるときから逆向きになってしまうことが考えられます。重力の向きが逆向きになると、「私の身体がもつ特徴×から特徴○への向きは下である」という表現は、もはや図3においては正しくなく、図4において正しいことになります。この変化にもかかわらず、図3と図4の間にあった向きの違いは、変わってはいません。つまり、図3の中の私が言いたかったことは、重力の向きが変わっても変わらないような向きの違いだったのです。ということは、重力を持ち出して「上下」という言葉を使っても、図3と図4の間にある向きの違いを言い表すことはできないのです。

それなら、前後についてはどうでしょうか。二つの物が特徴○のほうに動きがちだったとしたら、特徴×から特徴○への向きを「前」と呼び、特徴○から特徴×への向きを「後ろ」と呼びたくなるかもしれません。すると、たとえば図3における私は、「私の身体の特徴×から特徴○への向きは前であり、私の身体の特徴○から特徴×への向きは後ろである」と言えるようになります。

ところが、図4における私も、同じことが言えてしまいます。図4における私の身体も、特徴○のほうに動きがちなので、「私の身体の特徴×から特徴○への向きは前であり、私の身体の特徴○から特徴×への向きは後ろである」と言えてしまうのです。したがって、図3と図4の間にある向きの違いは、「前後」という言葉を使っても言い表せないのです。

したがって、図3と図4の間にある向きの違いを言葉で言い表すには、「左右」という言葉がふさわしいと考えられます。たとえば、図3の中の私が、「私の身体の特徴×から特徴○への向きは左であり、私の身体の特徴○から特徴×への向きは右である」というふうに言い表せば、図4における私は同じことが言えないと考えられるようになります。つまり、図4における私は、「私の身体の特徴×から特徴

○への向きは右であり、私の身体の特徴○から特徴×への向きは左である」と言わなければならないと考えられるようになるのです。

また、重力などの物的なものに変化があったとしても、図3の中の私は、「私の身体の特徴×から特徴○への向きは左であり、私の身体の特徴○から特徴×への向きは右である」と変わらず言うことができるでしょう。また、図4の中の私は、「私の身体の特徴×から特徴○への向きは右であり、私の身体の特徴○から特徴×への向きは左である」と変わらず言うことができるでしょう。

図3の中にいる私に知的な能力があり、図4の想定との間にある向きの違いを言い表したくなったとき、向きを表す何らかの言葉を考え出すでしょう。そのときの言葉は「左右」ではないかもしれませんが、ともかく、それは「左右」にあたる言葉なのです。

これまで考えてきたことから、次のようなことが言えます。私たちが左右軸を認識するときには、まずは上下軸と前後軸を認識します。認識的には、左右軸は最後に出てくるのです。ところが、一次元空間を考えて、その中に私の身体があると考えたとき、そのときに言い表したくなる私の身体の向きは、左右の向きです。つまり、認識的には最後に出てくる左右軸は、存在的には上下軸と前後軸に先立っているのです。

一次元空間における私の身体の中心性

ウィトゲンシュタインの一次元空間において、いずれかの物が私の身体になった場合、物の特徴を使ってでは言い表せない向きの違いが生じます。その違いを表現できるのは、「左右」にあたる言葉によってです。二つの物のどちらも私の身体ではなく、ただ双方に名前を付けただけなら、物の特徴を使ってでは言い表せない向きの違いなどないというふうに考えられるのでした。

つまり、ウィトゲンシュタインの一次元空間に私の身体があると、「左右」にあたる言葉によってでしか表現できない向きが現れるのです。

さて、この向きを、「左右」にあたる言葉によって表現するとどうなるでしょうか。

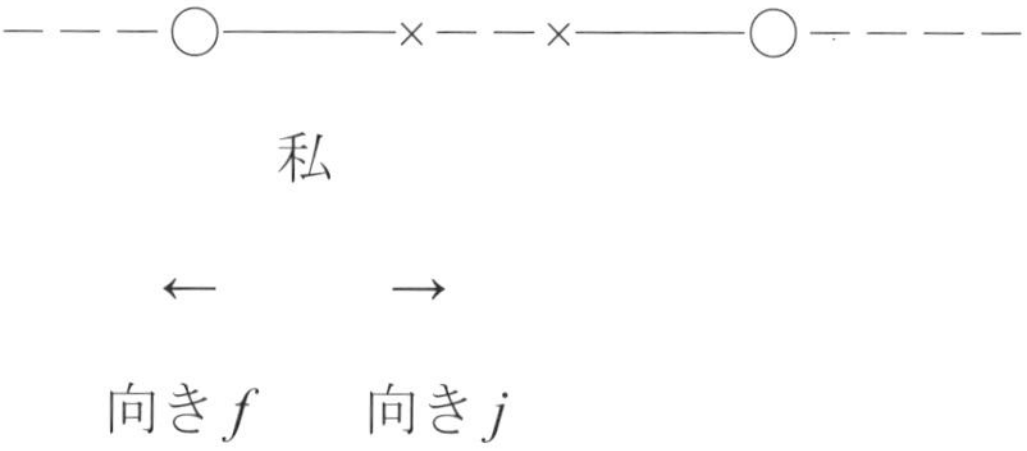

図3′

図3の中の私が、「向きf」と「向きj」という言葉を考えついたとしましょう。すると、図3の中の私は、「私の身体の特徴×から特徴○への向きは向きfであり、私の身体の特徴○から特徴×への向きは向きjである」というふうに言うでしょう。「向きf」と「向きj」を指す私を、図3′のように表してみましょう。

この図のように、私は自分の身体の特徴×から特徴○への向きを「向きf」と呼び、自分の身体の特徴○から特徴×への向きを「向きj」と呼びます。二つの矢印が示すようにです。

このとき、「私の身体の特徴×から特徴○への向きは向きfであり、私の身体の特徴○から特徴×への向きは向きjである」という表現は、図4の

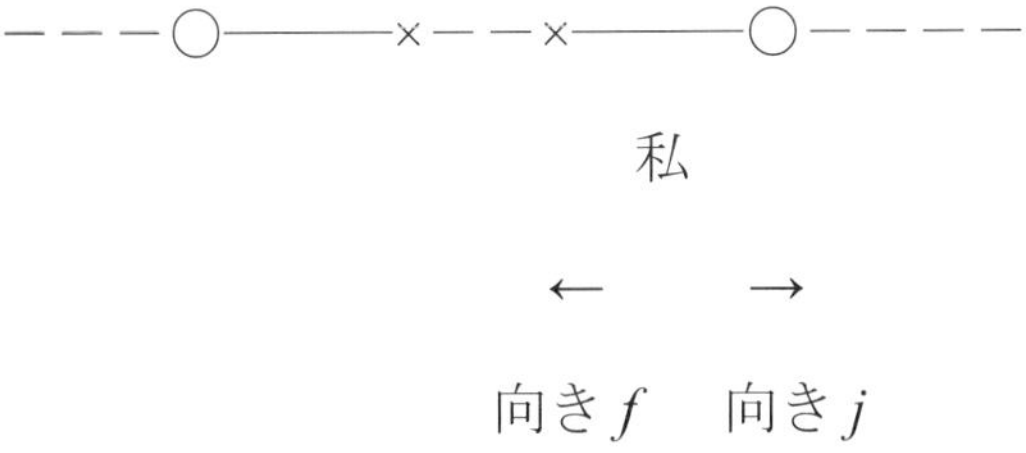

図4′

想定の中では正しくなりません。

図4′を見ればわかるように、（図3の中の私が想定する）図4の私の身体については、特徴×から特徴○への向きは「向きf」ではありません。また、特徴○から特徴×への向きは「向きj」ではありません。すなわち、（図3の中の私が想定する）図4′の私については、「私の身体の特徴×から特徴○への向きは向きfであり、私の身体の特徴○から特徴×への向きは向きjである」という表現は正しくありません。

さて、図3の中の私が考えついた「向きf」「向きj」という言葉は、二つの役割を果たすことができます。

一つ目は、私の身体の向きを表すという役割です。

図3′のように私が、「私の身体の特徴×から特徴○への向きは向きfであり、私の身体の特徴○から特徴×への向きは向きjである」と言うとき、「向きf」「向きj」は、私の身体の向きを表すために使われています。

二つ目は、私の身体でない物があるほうの向きを表すという役割です。すなわち、図3′の私は、「私の身体がもつ向きjのほうに、私の身体でない物がある」と言うことができます。

興味深いのは、「向きf」「向きj」が一つ目の役割で使われるとき、それらは二つの向きの起点を表しているということです。つまり、「向きf」「向きj」が私の身体がもつ向きを表すとき、「向きf」と「向きj」は、二つの向きの起点です。

それに対して、「向きf」「向きj」が二つ目の役割で使われるとき、それらはその起点から広がる向きを表します。図3′において、私の身体でない物は、私の身体を起点として広がる「向きj」の中に置かれています。

つまり、「向きf」と「向きj」は、私の身体を起点として広がる向きです。すると、図3′の私は、こう主張したくなるでしょう。「空間は、私の身体を中心にして、向きfと向きjへと広がっている。」

このとき私が主張したいのは、空間は私の心の中にあるということではありません。すなわち、私は観念論を主張しているのではありません。むしろ、私の身体がもつ「向きf」と「向きj」の先に、私の心とは独立に空間が広がっているということを、進んで認めたいのです。そしてさらには、そのように広がった空間の中に（すなわち「向きj」の先に）、私の身体でない物があるということもまた、進んで認めたいのです。

二次元空間における「左右」にあたる向き

ここまで、一次元空間について考えてきましたが、私たちの生きる三次元空間に話を近づけるために、次に二次元空間について考えてみましょう。二次元空間があり、次頁の図5のように、物cと物dという二つの物があるとします。

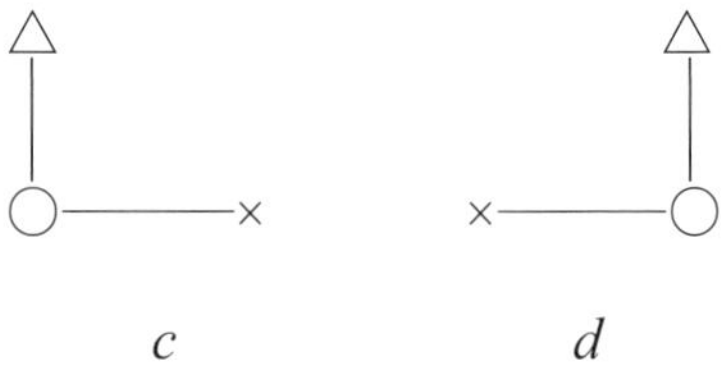

図5

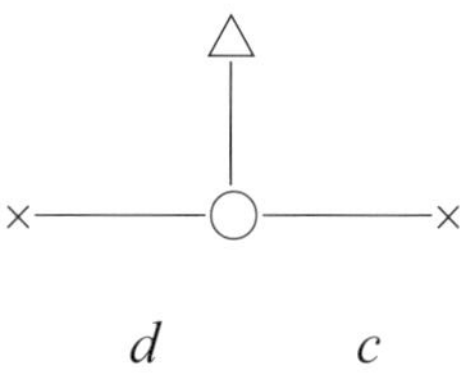

図6

物cと物dはそれぞれ、特徴○・特徴×・特徴△という、同じ特徴をもっています。さらに、それらの特徴の間にある（線で表された）部分も、物cと物dとで同じです。

また、一次元空間の場合とは異なり、物c物dは、二次元空間の中を回転することができます。にもかかわらず、物cと物dはぴったりと重なり合うことができません。

そのことは、向きを表す言葉を使わずに説明することができます。物cか物d(あるいはそれら両方)を動かして、右頁の図6のように、特徴○と特徴△とをそれぞれ重ね合わせたとします。

すると、それ以上の重ね合わせができなくなります。二つの特徴×を重ね合わせようとして、物cか物d(あるいはその両方)をそれ以上動かすと、二つの特徴△もしくは二つの特徴○が、互いに離れていかざるをえません。そのように説明すれば、物cと物dのそれぞれがもつ三つの特徴を、すべて重ね合わせることはできないということがわかります。

それでも、物cと物dがぴったりと重なり合わないのは、それらの向きが違うからだ、そう言いたくなります。二つの物の間には違いがあり、それは向きの違いなのだ、と言いたくなります。

そこで、次のように考えることができます。図6のように、物cと物dがもつ

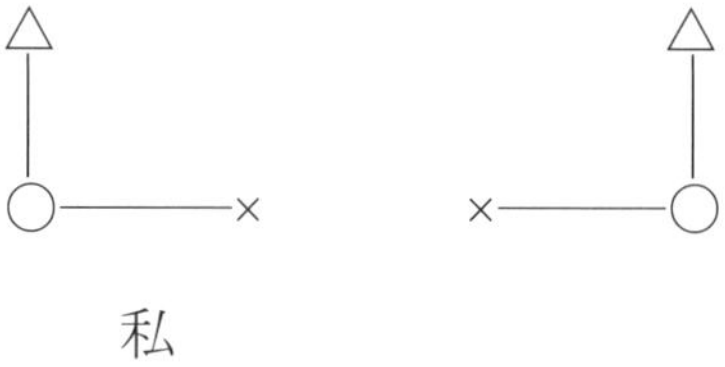

図7

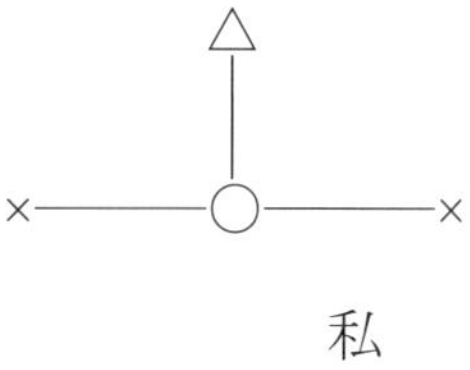

図8

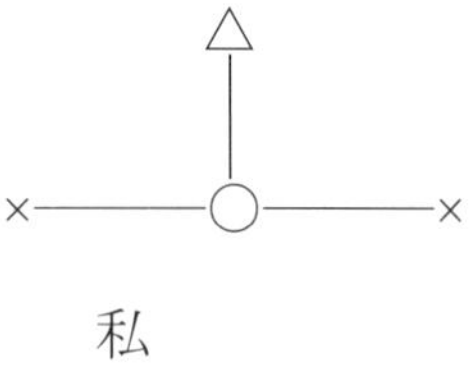

図9

特徴○と特徴△をそれぞれ重ね合わせると、それ以上の重ね合わせができなくなります。すなわち、二つの特徴×どうしが重なり合わなくなります。このとき、二つの物がそれぞれもつ特徴×から特徴○への向きは同じ向きではない、と言いたくなります。

そのときの向きの違いは、物の特徴を使って表現できると考えられます。たとえば、「物cの特徴×から特徴○への向きと、物dの特徴×から特徴○への向きは、同じ向きではない」というふうに表現できると考えられます。

そうだとすると、二次元空間において物cと物dがぴったりと重なり合わないとき、物の特徴を使ってでは言い表せない向きの違いは、ないのでしょうか。ある、と考えるためには、やはり私が二次元空間の中に入り込む必要があります。

そこで、図5を右頁図7のように描きかえてみましょう。

そのうえで、次の図8のように、二つの物の特徴○と特徴△とを、それぞれ重ね合わせてみましょう。

そしてさらに、図9のように、私の身体でないほうの物が私の身体だったなら、と想定してみます。

図8と図9との間に、物の特徴を使って言い表されるよう向きの違いはありません。たとえば、「私の身体がもつ特徴×から特徴○への向きと、私の身体でないほうの物がもつ特徴×から特徴○への向きは、同じ向きではない」という表現は、二

つの場合に同じようにあてはまります。

にもかかわらず、二つの場合は決定的に異なっています。私の身体がもつ向きが異なっているのです。

そこで、図8の中の私が、その向きの違いを言い表すために、物の特徴を使った表現で、「私の身体がもつ特徴×から特徴○への向きと、私の身体でないほうの物が私の身体だったならと想定したときに私の身体がもつ特徴×から特徴○への向きは、同じ向きではない」と言ったとしましょう。

しかし、この表現では、図9における私であっても、同じことが正しく言えてしまいます。図8においても図9においても同じように正しく言えるような表現では、二つの図の間にある向きの違いを言い表すことができません。つまり、図8と図9との間にある向きの違いは、物の特徴を使ってでは言い表せないのです。

そこで、図8の中の私が、「向きg」と「向きh」という言葉を考え出し、次のように言ったとします。「私の身体がもつ特徴×から特徴○への向きは向きgであり、私の身体がもつ特徴○から特徴×への向きは向きhである。」図8の中の私が、次の図8′のように、「向きg」と「向きh」を定義するのです。

すると、図9における私には同じことが正しく言えない、と考えうるようになります。つまり、次の図9′が示すように、図9における私は次のように言うのが正しい、と考えうるようになるのです。「私の身体がもつ特徴×から特徴○への向きは向きhであり、私の身体がもつ特徴○から特徴×への向きは向きgである。」

図8と図9との間にある向きの違いは、物の特徴を使ってでは言い表せません。

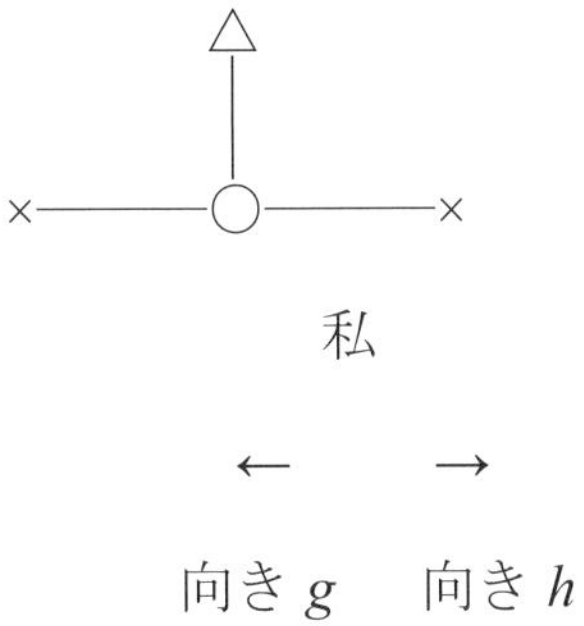

図 8′

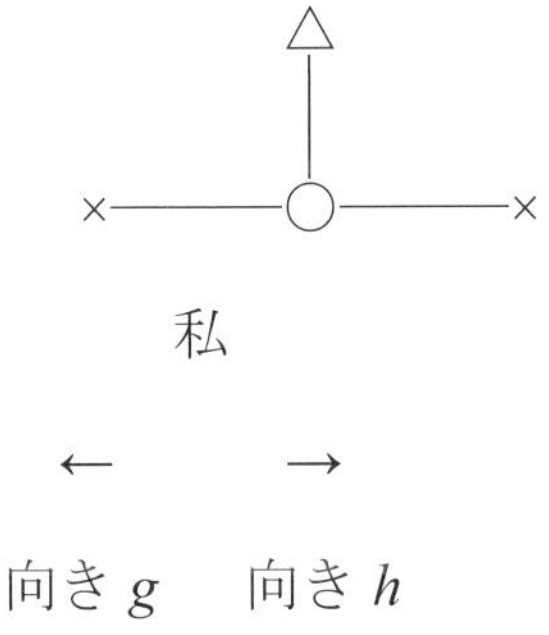

図 9′

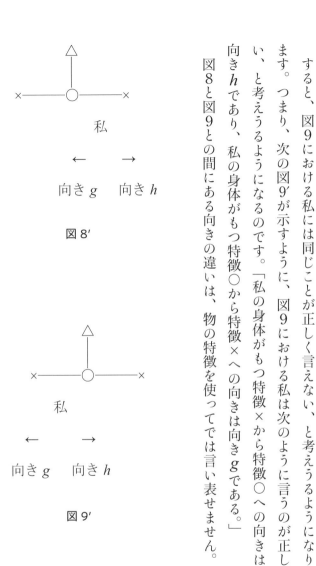

その向きの違いは、たとえば図8の中の私が次のように言うことによって言い表されうるのです。

私の身体がもつ特徴×から特徴○への向きは、向きgである。それに対して、私の身体でないほうの物が私の身体だったならと想定したときに私の身体がもつ特徴×から特徴○への向きは、向きhである。

このとき、図9の私が同じことを言っても正しくならない、と考えることができます。つまり、図9の私は次のように言わねばならない、と考えることができるのです。

私の身体がもつ特徴×から特徴○への向きは、向きhである。それに対して、私の身体でないほうの物が私の身体だったならと想定したときに私の身体がもつ特徴×から特徴○への向きは、向きgである。

二次元空間における私の身体の中心性

「向きg」と「向きh」は、物の特徴を使ってでは言い表せない向きの違いを表現するための言葉です。つまり、「向きg」「向きh」は、「左」「右」にあたる言葉です。二次元空間の場合にも、私が二次元空間に入り込むと、左右にあたる向きが現れるのです。私が二次元空間に入り込まず、互いに重なり合わない二つの物があるだけなら、物の特徴を使ってでは言い表せない向きの違いなどないと言えます。

さて、図8の中の私が考えついた「向きg」「向きh」という言葉は、二つの役割をもっています。

一つ目は、私の身体がもつ特徴×から特徴○への向きと、私の身体がもつ特徴○から特徴×への向きとを言い表すときの役割です。すなわち、図8の中の私が、「私の身体がもつ特徴×から特徴○への向きは向きgであり、私の身体がもつ特徴○

から特徴×への向きは向きhである」と言うときの役割です。

二つ目は、私の身体でない物があるほうの向きを表すという役割です。図8の中の私は、図8′を見ればわかるように、「私の身体がもつ向きgのほうに、私の身体でない物がある」と言うことができます。

一次元空間の場合と同様、「向きg」「向きh」が一つ目の役割で使われるとき、それらは二つの向きの起点を表しています。そして、「向きg」「向きh」が二つ目の役割で使われるとき、それらはその起点から広がる向きを表しています。すると、図8の中にいる私は、こう主張したくなるでしょう。「空間は、私の身体を中心にして、向きgと向きhへと広がっている。」

この主張は、観念論の主張ではありません。むしろ、私の心とは独立に、向きgと向きhの先に空間が広がっているということを（さらには向きgほうに私の身体ではない物があるということを）、図8の中の私は進んで認めたいのです。

Column

「左右」の意味は言葉だけで伝えられるか？

「上下」と「前後」が意味する向きは、言葉だけによって伝えることができます。たとえば「上」は、足から頭への向き、重力に逆らう向き（すなわち地面から空への向き）、などといった意味をもちます。ですから、子どもに「上」の意味を教えるとしたら、「足から頭への向きだよ」などのように言えば、それで事が足ります。「上」は物的なものによって定まった向きなので、物的なものを指す言葉を伝えることができれば、それ以上に伝えるべき意味はありません。

それに対して、「左右」が意味する向きは、物的なものによっては定まっていません。ですから、子どもに「右」の意味を教えたいとき、物的なものを指す言葉を使っても、「右」の意味を伝えきったことになりません。「お箸をもつほうが右だよ」のように子どもに教えても、子どもの「お箸をもつほう」が、逆のほうになるかもしれません。そのとき、そちらが右になるわけではありません。「お箸をもつほう」が逆になったとしても、子どもにとって同じ向きであるように感覚されつづける向きが右です。

したがって、子どもに「右」の意味を教えるときには、右感覚を感じてもらう必要があります。その右感覚を頼りにして、子どもが右の向きを判断することになれば、子どもは「右」という言葉を正しく使いつづけることができるのです。

子どもに「左右」が意味する向きを教えるとき、大人は自分の身体と子どもの身体とを重ね合わせて、「こちらが左で、こちらが右だよ」というふうに教えます。このとき、左右というものを子どもに対して指し示し、見せるか、体感させるかする必要があるのです。

ということは、「左右」の意味は言葉だけによっては伝えられず、相手の感覚にも訴えかけることによって伝える必要がある、そう言えるように思われます。しかし、はたして本当にそう言えるでしょうか。このコラムではそれを考えてみたいと思います。

物理学の世界では、長い間、左右というものは物理学には関係ないと信じられてきました。つまり、物理学には、距離や速度などのような概念は出てきますが、「左」や「右」にあたる概念は出てこないと信じられてきました。

ところが、一九五〇年代になって、それが思い込みにすぎないということが明らかにされました。ミクロの粒子の世界を表現するには、「左右」の概念が必要だということが発見されたのです。たとえばニュートリノは、運動方向に対して左向きにしか自転しないことがわかったのです。

左右発案者の身体はすでに残っていません。しかし、左右発案者が名付けた「左右」が正しく伝わってさえいれば、物理法則は変化しないはずですから、ミクロの粒子の特性をもとに、「左右」の意味を固定することができます。もし、「左右」の意味をめぐって混乱が起きるようなことがあったなら、ニュートリノのようなものを調べて、「左右」が意味する向きを確認すればよいのです。

つまり、ニュートリノは、左右原器である左右発案者の身体ほどの権威はもてないかもしれませんが、準左右原器としての役割を果たすことができると言えます。しかもニュートリノは、左右発案者の身体と違って、現に今、宇宙のいたるところに存在しています。ですから、ニュートリノのような粒子は、準左右原器であるとはいえ、事実上は最大の権威をもつことができると言えるでしょう。

さて、こんな思考実験があります。地球から遠く離れたところに、アルファ星という惑星があったとします。このアルファ星に、知的生命体が住んでいることがわかりました。そして、試行錯誤の末、アルファ星人と電波を使った言語的コミュニケーションが可能になったとします。このとき、言語という手段のみによって、アルファ星人に「左右」が意味する向きを伝えることは可能でしょうか。アルファ星人がニュートリノを検出して調べる技術をもっていれば、それは可能だということになりそうです。言語的コミュニケーションによって、ニュートリノの特性をアルファ星人に伝え、その特性をもとに、「左右」の意味を伝えるのです。

ということは、「左右」の意味は言葉だけによっては伝えられないということにかんしては、本当はそうは言えないということになるのでしょうか。言語的コミュニケーションのみによって、アルファ星人に「左右」の意味を伝えることができるのですから。

しかし、そのようにしてアルファ星人に「左右」の意味を伝えるとは、どういうことでしょうか。

アルファ星人に「左右」の意味を伝えるとき、ニュートリノの特性をもとに左右の向きを伝えると同時に、左右という向きは物的なものによっては定まっていないということも伝えなければなりません。そうしなければ、逆向き（右向き）に自転するニュートリノの存在を仮定したいときに、その話ができなくなってしまいます。なぜなら、「左右」の意味をニュートリノの特性のみによって理解していると、ニュートリノの自転の向きこそが「左」だということになってしまうからです。

したがって、アルファ星人には、「左右」の意味する向きが物的なものによっては定まっていないということも伝える必要があります。それを伝えるためには、まず、アルファ星人にニュートリノを検出してもらい、ニュートリノの特性をもとに、「左はそちらの向きだ」と教えます。そうしておいて、「そちら」は物的なものによって定まっている向きではないということを教えます。

このとき、「そちら」の向きを、アルファ星人に感覚してもらう必要があります。アルファ星人が左右感覚をもっていれば、「そちら」に感覚される向きが、物的なものによっては定まっていないということをわかってもらえます。そうすれば、「そちら」に感覚される向きはそのままで、逆向き（右向き）に自転するニュートリノもありうるということを、わかってもらえます。

ということは、「左右」が意味する向きは言葉だけによっては伝えられず、相手の感覚にも訴えかけることによって伝える必要がある、と言えそうです。アルファ星人との交信のような場合であっても、宇宙に遍在するニュートリノというものを使って、いわば遠隔的に左と右の向きを指し示し、左右の向きを感覚してもらうのです。

4　身体の秘密

三次元空間における私の身体の中心性

私は三次元空間の中に生きています。その私が、鏡の前に立っているとしましょう。

私の身体と鏡の中の身体は、想像力を使って重ね合わせても、ぴったりとは重なり合いません。たとえば、私の身体の右手にほくろがあるとします。その私の身体の上下と前後を、物的な特徴を手がかりに、鏡の中の身体と重ね合わせます。すると、鏡の中の身体は、左手にほくろがあることがわかります。私の身体の右手にあるほくろは、鏡の中の身体の手にあるほくろと、重なり合わないのです。

このように、私の身体と鏡の中の身体とは、ぴったりと重なり合いません。このことは、向きを表す言葉を使わなくても表現できるように思われます。私の身体と鏡の中の身体との上下と前後を重ね合わせたとき、二つのほくろは重なり合いません。二つのほくろを重ね合わせようとして、どちらかの身体（もしくはその両方）をそれ以上動かすと、上下あるいは前後が互いに離れていって重なり合わなくなってしまいます。

それでも、私の身体と鏡の中の身体とがぴったりと重なり合わないのは、左右の向きが違うからだと言いたくなります。それはなぜでしょうか。

一次元空間と二次元空間の場合に考えたことが三次元空間にもあてはまるとすると、それは、私が三次元空間に入り込んでいるからです。つまり、私の身体を中心に、左右という向きが広がっているからです。だからこそ、私の身体と鏡の中の身体の上下と前後とを重ね合わせたとき、「私の身体から広がる右のほうに、私の手のほくろがある。それに対して、鏡の中の身体が私の身体だったならと想定すると、私の身体から広がる左のほうに、私の手のほくろがある」と言うことができるのです。

私の身体が鏡の中の身体だったならと想定しても、物的な違いは何も生じません。ただ、私の身体がどちらなのかが違うだけです。それにもかかわらず、あるいはそれだからこそ、私の身体を中心とした左右のどちらにほくろがあるのか、その向きの違いを言うことができるのです。一次元空間と二次元空間の場合に考えたことが三次元空間にあてはまるとしたら、そういうことになります。

現実の身体と、虚像の身体

しかし、奇妙ではないでしょうか。「左右」という言葉は、私が生まれる前から使われていました。つまり、「左右」という言葉は、私の身体が三次元空間に入り込む前から使われていました。そして、私が生まれる前にも、鏡の前の身体と鏡の中の身体とがぴったりと重なり合わないとき、二つの身体の違いは、左右の向きの違いとして表現されていました。
それは、二つの身体の間に、現実の身体と虚像の身体という対比があったからです。

私が生まれる前、鏡の前に立つ人がいたと想像してみましょう。そして、現実の身体を身体Aと呼び、虚像の身体を身体Bと呼ぶことにします。この想像の中で、物的な特徴を頼りにして、身体Aと身体Bのそれぞれがもつ、上下と前後とを重ね合わせてみます。このとき、二つの身体がぴったりと重なり合わないとしましょう。たとえば、身体Aの片手にほくろがあるとしたら、そのほくろは、身体Bの手にあるほくろと重なり合いません。

そこで、身体Bのほうが現実の身体だったなら（そして身体Aのほうが虚像の身体だったなら）、というふうに想定します。そのように想定する前とあとを比べたとき、物の特徴を使って言い表せない違いはありません。二つの身体がもつ物的な特徴は、どちらが現実にある身体であり、どちらが虚像の身体であっても、まったく同じです。にもかかわらず、何かが決定的に異なっています。どちらが現実の身体なのかが異なっているのです。

現実の身体は身体Aです。そこで、身体Bのほうが現実の身体だったならと想定すると、そう想定する前と後とでは、現実の身体の片手にあるほくろの位置が違います。この違いは、物の特徴を使ってでは表現できません。

この違いを表現するためには、「左右」という言葉を使うしかありません。たとえば、「身体Aが現実の身体である場合、現実の身体のほくろは右手にある。それに対して、身体Bが現実の身体だと想定すると、現実の身体のほくろは左手にある」というようにです。

つまり、二つの身体の間に、現実の身体と虚像の身体という差異があるからこそ、「左右」という言葉によってでしか表現できない違いが生じてくるのです。

したがって、重ね合わせようとしている二つの身体が両方とも現実の身体である場合には、「左右」という言葉を使う必要は出てきません。仮に、互いにぴったりと重なり合わない二つの身体(身体Cと身体D)があったとしましょう。二つの身体は両方とも、現実の身体です。二つの身体はそっくりですが、それぞれの上下と前後とを重ね合わせたとき、片手にあるほくろが重なり合いません。

この場合、二つの身体がぴったりと重なり合わないことを表現するのに、そもそも向きを表す言葉を使う必要はありません。「身体Cと身体Dの上下と前後を重ね合わせたあと、二つのほくろを重ね合わせるためにどちらかの身体（あるいは両方）を動かすと、それぞれの身体の上下と前後が互いに離れていって重なり合わなくなってしまう」と言えば済んでしまいます。

また、向きを表す言葉を使うとしても、そのときの向きは、物の特徴によって定まらない左右のような向きである必要はありません。たとえば、身体Cの、ほくろのない手からほくろのある手のほうへの向きを、「向きt」と名付けます。そして、身体Dの、ほくろのない手からほくろのある手への向きを、「向きy」と名付けます。そのうえで、「向きtと向きyは同じ向きではない」のように言えばよいのです。このとき、向きtと向きyは、二つの身体の片手にあるほくろという、物的な特徴によって定められた向きです。ですから、それらは左右にあたる向きではありません。

そのように考えてくると、左右発案者は、「左右」という言葉を考え出したとき、現実の身体と虚像の身体との対比にもとづいたはずだということがわかります。

左右発案者は、物的なものの特徴によっては定まらない二つの向きを「左右」と名付けたはずです。つまり、たとえば利き手が逆であったとしても変わらない二つの向きを「左右」と名付けたはずです。左右発案者が右利きだったとすると、自分の身体が左利きだったとしても変わらない二つの向きを「左右」と名付けたのです。

だとすると、左右発案者は、左利きであるような自分の身体を、右利きであるような現実の身体と重なり合う、虚像の身体として想像したことになります。そして、そのうえで、その虚像の身体（すなわち左利きであるような自分の身体）のほうが現実の身体だったなら、と想定したのです。そのように想定する前と後との間には、物の特徴を使って表現できない違いはありません。二つの身体が、それぞれ同じ特徴をもって、同じように重なり合っています。にもかかわらず、そこには決定的な違いがあります。現実の身体がどちらなのかが異なっているのです。

その違いを表現するには、物的なものの特徴によっては定まらない向きが必要になります。すなわち、現実の身体の、利き手でないほうから利き手のほうへの向きを「右」と呼びます。そして、現実の身体の、利き手のほうから利き手でないほうへの向きを「左」と呼ぶのです。そうすれば、虚像の身体のほうが現実の身体だったなら（そして現実の身体のほうが虚像の身体であったなら）と想定したあとでは、現実の身体の利き手のほうへの向きは「左」で、利き手でないほうへの向きは「右」です。どちらが現実の身体で、どちらが虚像の身体であるかによって、利き手が「右」なのか「左」なのかが変わると言えるようになるのです。

このとき、「左右」は、利き手のような物的な特徴によっては定まらない向きです。現実の身体は右利きです。つまり、現実には、利き手のほうが右で、利き手ではないほうが左です。それに対して、虚像の身体は左利きです。つまり、利き手が反対の手だったならという想像の中では、利き手のほうが左で、利き手ではないほうが右です。ということは、左右発案者にとっての左右は、どちらの手が利き手であっても、同じように左右だということになるのです。

そう考えると、左右発案者がどのようにして左右感覚を使ったのかがわかります。

左右発案者が右利きだったとすると、視覚・触覚・身体感覚がもつ左右感覚の中で、利き手は「右」と呼ばれることになるほうに感じられます。そこで、左右発案者は、虚像の身体が現実の身体だったなら、と想定します。その想定の中では、左右感覚はそのままで、利き手が「左」と呼ばれることになるほうに感じられています。このように、左右発案者は、自分の左右感覚を固定しておいて、虚像の身体が現実の身体だったならと想定したのです。

これらのことから、次のように言うことができます。左右は、物的なものによっては定まらない向きです。物的なものによって定まらないのは、左と右の区別が、現実の身体と虚像の身体との対比にもとづいているからです。現実の身体と虚像の身体との対比は、物的な特徴にもとづく対比ではありません。物的な特徴はまったく同じであるにもかかわらず、二つの身体の間には、現実と虚像という決定的な違いがあるのです。この決定的な違いがあるとき、なぜか、片手にあるほくろが重なり合わない、といった違いも生じています。そのとき、現実の身体はこちらの身体で、こちらの身体はこの向き（たとえば右）の手にほくろがある、というようなことを言いたくなるのです。

中心である身体と、中心ではない身体や物体

鏡の前に立つ私の身体は、鏡の中の身体とぴったり重なり合うことができません。そのことを表現しようとすると、「左右」という言葉を使いたくなります。そこで、私が次のように言ったとします。

一次元空間と二次元空間の場合を考えればわかるように、「左右」という言葉を使いたくなるのは、私が三次元空間に入り込んでいるからだ。そして、私の身体を中心にして、左右という向きは広がっている。

ところが、「左右」という言葉は、私が三次元空間の中に入り込まなくても、現実の身体と虚像の身体との対比さえあれば、使われうるということがわかりました。

「私の身体を中心にして、左右という向きは広がっている」と言うとき、私が対比しているのは、中心である身体と中心ではない身体や物体です。私が三次元空間に入り込む以前、この空間には中心がありませんでした。そこには、中心ではない身体や物体があるだけでした。私の身体が三次元空間に入り込んではじめて、この空間は中心をもつようになったのです。すなわち、私の身体が三次元空間に入り込んではじめて、中心である身体が存在するようになったのです。

もし宇宙に私だけしか生き物がいないとしても、中心である身体は存在するでしょう。その場合、中心である身体と、中心ではない物体との間に、対比が成り立つのです。その対比は、私である生き物とほかの生き物との対比ではありません。また、私の内面とほかの生き物の内面との対比でもありません。そういった対比は、私のほかにも生き物がいなければ成立しません。それに対して、中心である身体と中心ではない物体との対比は、私のほかに生き物がいなくても成立します。私はそのような対比をして、「私の身体を中心にして、左右という向きは広がっている」と言いたいのです。

ところが、私が「左右」という言葉を使い、「私の身体を中心にして、左右という向きは広がっている」と言うと、現実の身体と虚像の身体との対比をしていることになってしまいます。つまり、「虚像の身体ではなく、現実の身体を中心にして、左右という向きは広がっている」と言っていることになってしまいます。

しかし、「虚像の身体ではなく、現実の身体を中心にして、左右という向きは広がっている」ということは、私の身体に限らず、現実にあるどの身体についてもあてはまります。現実にあるどの身体であっても、その虚像がありうるからです。

いわば、「左右」という言葉を使う限り、中心である身体と中心ではない身体や物体との対比は、現実の身体と虚像の身体との対比によって、隠されてしまうのです。

そうなってしまうのは、私が左右発案者ではないからでしょうか。つまり、私の生まれるはるか以前に左右発案者がいて、遠い昔から「左右」という言葉が使われてきたからでしょうか。

仮に、「左右」という言葉がまだ存在しなかったとしましょう。それから、鏡に映った身体を、そのまま複製して現実のものにできる機械があったとしましょう。私は、自分の身体と、この機械によって複製された私の身体とを比べます。そして、二つの身体の間にある違いを表現するために、「左右」という言葉を考え出します。この場合、私は左右発案者です。しかも、私が対比しているのは、現実の身体と虚像の身体ではありません。二つの身体は両方とも現実に存在するからです。この場合であれば、「私の身体を中心にして、左右という向きは広がっている」と言うことによって、現実の身体と虚像の身体との対比に隠されることなく、中心である身体と中心ではない身体や物体との対比を、表現することができるでしょうか。

私は、自分の身体と複製された身体とのそれぞれがもつ上下と前後とを、想像の中で重ね合わせます。私の身体の片手にあるほくろは、複製された身体の片手にあるほくろとは重なり合いません。そこで私は、「私の身体の、ほくろのない手からほくろのある手への向きを右と呼び、ほくろのある手からほくろのない手への向きを左と呼ぶことにしよう」と言います。このように「左右」を定義すれば、私の身体が複製されたほうの身体だったならと想定した場合、私は同じことを正しく言うことができなくなります。複製された身体は、反対の手にほくろがあるからです。つまり、ここでの「左右」という言葉は、現に中心である私の身体をもとに定義されています。

私が「左右」という言葉をそのようなものとして発案すれば、「私の身体を中心にして、左右という向きは広がっている」と主張することができそうです。しかも、現実の身体と虚像の身体との対比は使っていません。

しかし、こうして定義された「左右」という言葉を、ほかの人はどう理解するでしょうか。もしほかの人が「左右」という言葉を使うとしたら、その人は自分の身体と私の身体とのそれぞれがもつ上下と前後とを重ね合わせ、その人の身体を中心とした「左右」を言うことになるでしょう。

そうだとすると、私の身体は、左右原器としての役割をもつことになります。すなわち、私の身体は、「左右」という言葉の意味を定める左右原器としての権威をもつことになります。

しかし、私はそのような権威を主張したかったのではありません。「左右」という言葉を考え出し、「私の身体を中心にして、左右という向きは広がっている」と主張したとき、私は、宇宙空間は私を中心にして広がっているという事実に、表現を与えたかったのです。ところが、「左右」という言葉をほかの人も使うようになると、私の主張は、私の身体がもつ左右原器としての権威の主張へと変質してしまうのです。

観念論の誘惑

こうして考えてくると、観念論の誘惑が生じるかもしれません。そして、私を中心にして左右が広がっているということを、こう言い表したくなるかもしれません。

宇宙空間は私の心の中にあり、私の心が作り上げているものだ。そして、私の心は、少なくとも左右にあたる二つの向きをもっている。だからこそ、私の心が作り上げる宇宙空間の全体は、それが何次元だとしても、少なくとも左右に

あたる二つの向きをもっているのだ。つまり、私を中心にして左右が広がって
いるのは、私の心から宇宙空間全体の左右が作り上げられているからだ。

たしかに、このように言い表せば、私を中心にして左右が広がっているというこ
とを、表現できるように感じられるかもしれません。

また、私の心が宇宙空間を作り上げたということは、その宇宙空間の中にいる他人には認められないことでしょう。そうだとすると、宇宙空間が私を中心にして広がっているという主張が他人に伝わらないのは、私の心が宇宙空間を作り上げているからだ、そう言いたくなるかもしれません。

しかし、宇宙空間が私を中心にして広がっているという主張が他人に伝わらないのは、私の心が宇宙空間を作り上げているということを他人が認めないからではありませんでした。「私の身体を中心にして、左右という向きは広がっている」と私が主張しても、「左右」という言葉を使う限り、中心である身体と中心でない身体や物体との対比が、現実の身体と虚像の身体との対比に隠され、どの身体にもあて

はまる主張になってしまうからでした。さらには、私が左右発案者になれたとしても、「私の身体を中心にして、左右という向きは広がっている」という主張は、他人がそれを解釈するとき、私の身体がもつ左右原器としての権威の主張へと変質してしまうからでした。

このように、現実の身体と虚像の身体との対比と、他人による解釈には敗北を認めつつ、観念論の誘惑には抗して、もう一度こう主張しておくことにしましょう。それでも宇宙空間は私の身体を中心にして広がっている！

Column

カントの思考実験

カントはこんな思考実験をしました。宇宙空間に一つの手だけがあるとします。ほかには何もありません。一つの手だけがある宇宙空間です。しかも、その宇宙空間には、一つの手が存在する前に、ほかに何も存在したことがありませんでした。つまり、宇宙空間に最初に存在しはじめたのが、一つの手なのです。カントは、その手は右手か左手のどちらかであるはずだ、と考えました。

この思考実験をしてみると、カントの考えはもっともだと言えそうです。一つの手が存在していたそのあと、両手のない身体が現れたとします。すると、最初にあった手は、あとから現れた身体の右側か左側のどちらかに、正しいしかたで付けられるはずです。左側に正しく付けられれば、その手は左手です。右側に正しく付けられれば、その手は右手です。ということは、宇宙空間に一つの手だけがあった時点で、その手は右手か左手のどちらかだったということになります。

カントが何を言いたかったのかを理解するために、左手と右手の違いについて考えてみましょう。左手と右手の違いは、それらの幾何学的構造にはありません。左手と右手は、幾何学的構造を同じくしていることが可能です。たとえば、左手と右手の体積は同じであることが可能ですし、五本の指の長さの比や、指どうしの間の距離関係も、左手と右手で同じであることが可能です。このように、左手と右手で幾何学的構造が同じであることが可能だということは、左手と右手の違いは、幾何学的構造以外のところにあるということになります。

カントはその違いを説明するために、「絶対空間」という考えかたに訴えます。絶対空間は、物的なものとは独立に存在しています。そして、絶対空間には向きが備わっています。絶対空間がもつ向きによって、物的には同じ幾何学的構造をもつ手が、左手にされたり右手にされたりするのです。

そうだとすれば、たとえば左手は、その幾何学的構造によって左手であるのではありません。また、右手があることによって左手であるのでもありません。だからこそ、宇宙に一つの手だけがあったとしても、その手は絶対空間によって、左手になったり右手になったりするのです。

カントは、絶対空間が三次元である根拠は、上下・前後・左右の三つの軸をもつ身体にあると考えました。この考えかたをとれば、宇宙空間は私の身体を中心にして広がっていると言えそうです。つまり、宇宙空間が三つの軸をもつ身体を中心にして広がっているからこそ、宇宙空間は三つの次元をもつ、というふうに言えそうです。

カントはその後、観念論の立場を支持する方向へ進みます。すなわち、空間の根拠は主観性にある、という立場です。この立場をとったとしても、宇宙空間は私の身体を中心にして広がっている、と言えるかもしれません。しかしながら、私の身体を中心にして広がった宇宙空間は、丸ごと主観性の中にあることになります。つまり、身体の中心性よりも、空間の主観性が優位にあることになります。

私は本書で、身体の中心性を空間の主観性から切り離そうと試みました。すなわち、宇宙空間は主観的空間としてではなく、客観的空間として私の身体を中心にして広がっていると論じました。はたして私の試みはうまくいったでしょうか。

おわりに

私は、なぜかたまたま、清水将吾という人間として生まれ、生きています。「はじめに」で書いたように、私はその不思議を、心という内面を前提せずに考えたかったのです。そのための表現が、「宇宙空間は私の身体を中心にして広がっている」という表現なのでした。

しかし、「私の身体」とは何でしょうか。それは、たたくと痛みが生じたり、動かせたりする身体のことでしょう。だとすると、「私の身体」と言うことで、身体の痛みを感じる心があることや、身体を動かそうとする心があることを、私は前提しているのではないでしょうか。

たしかに、心のようなものがあることを、私は前提しているかもしれません。ただ、それは内面である必要はありません。たとえば、痛みの感覚や、身体を動かそうとする意志は、脳という物的なものの状態によって説明されるかもしれません。だとすれば、私にしか知りえない内面のようなものはありません。私の脳を調べれば、私が痛みを感じていることや、私が身体を動かそうとしていることが、私でなくてもわかるからです。

また、心のようなものがあるとしても、心が対象とする痛みなどの質は、内面にある必要はありません。たとえば、私がバラの花という対象を見るとき、その色などの質は、内面にあるのではなく、誰もが見ることのできる物的世界にあると考えることができます。同じように、私が痛みを感じるとき、痛みの質は、内面にあるのではなく、物的な身体にあると考えることができます。たとえば、私が身体に痛みを感じるとき、私は身体にある物理的ダメージの質を知覚していると考えることができます。

したがって、心のようなものがあるとしても、それが物的なものとは独立に存在する必要はありません。つまり、心や、心の対象がもつ質は、非物的（非物質的・

非物理的）なものでなくてもよいのです。たとえ心が脳と一緒のものにすぎなかったり、あるいは心が脳の機能にすぎなかったりしても、宇宙に私の身体という特別なものがあるということは、厳然たる事実です。そして、私の脳は、その特別な身体の中に存在しています。また、心の対象がもつ質がすべて物的なものだったとしても、物的な宇宙の中心に私の身体があるということは確かです。そうだとすると、心の対象がもつ質は、宇宙の中心から広がる向きの中に存在していることになります。すなわち、心の唯物論が正しかったとしても、宇宙には中心という特別なありかたをした身体があるのです。

ただ、私の身体が宇宙の中心であるという事実は、物的なものによっては説明できないでしょう。なぜなら、中心である身体と中心ではない身体や物体との対比は、物的なものによっては説明できないからです。その対比が物的なものによっては説明できないからこそ、物の特徴を使ってでは表現できない向きの違いを、私は主張したくなるのでした。

しかし、そのとき「左右」という言葉を使うと、中心である身体と中心ではない身体や物体との対比は、現実の身体と虚像の身体との対比によって隠されてしまいます。そして、後者の対比もまた、物的なものによっては説明できません。だからこそ、物的なものによっては定まらない「左右」という言葉が使われているのです。

ところが、その説明できなさは、現実の身体と虚像の身体との対比の説明できなさです。中心である身体と中心ではない身体や物体との対比の説明できなさではありません。

私の身体が宇宙の中心であるという事実を表現するために、「左右」という言葉を使うとします。すると、その事実が物的なものによっては説明できないということまでが、現実の身体と虚像の身体との対比が物的なものによっては説明できないということによって、隠されてしまうのです。いわば、私の身体が宇宙の中心であるという事実は、それが説明できなくなる以前に、別種の説明できなさに隠されてしまうのです。

第二部　対話

左右は経験的か、超越的か
——谷口一平さんと

「左右」という言葉と経験的事実

谷口　「左右」という形で問題を剔抉《てっけつ》されるのは挑戦的で、なかなか見たことのないテクストとして成立していると感じました。

清水　ありがとうございます。左右の哲学の入門書を書きつつ、私の存在の謎に新たな光を当てられるよう挑戦しました。私の存在の謎をめぐっては、日本の時間論は興味深い展開を見せてきましたが、その文脈で空間論を始めてみようという試みでもあります。

谷口　私がちょっと気になったのは、経験的問題と形而上学的問題とが、テクストの性格としてしかたのないことではありましょうが、明確に切り分けて提示されていないようにも取れる点です。

清水　それはどういうことでしょうか。

谷口　「左右」は物的なものによって定まらないと言っても、それは内容的世界のありかたに依存する問題といった部分もあって、心臓はたまさか逆に配置されている人体もありえましょうが、もしすべての人間が右側が膨らんでいて左側が萎《しぼ》んでいる、というような形をしていたとしたら、「左右」は物によっても定義されるはずです。

清水　面白い思考実験です。身体の膨らんでいる側が「右」と呼ばれていて、身体の萎んでいる側が「左」と呼ばれているような状況ですね。

谷口　はい。

清水　この状況の中で、突然変異によって、通常とは反対側が膨らんでいて、通常とは反対側が萎んでいる、という形をした人が生まれてきたとします。そして、このとき、この人の身体の膨らんでいる側が「右」と呼ばれることになり、萎んでいる側が「左」と呼ばれることになったとします。その場合、「左右」の意味は物的なものによって定まっていたことになります。つまり、「右」は「身体の膨らんでいる側」という意味で、「左」は「身体の萎んでいる側」という意味です。これは私たちが使っている「左右」という言葉とは異なります。私たちの使う「左右」は、物的なものによって定まっていませんから。

谷口　そうですね。私たちの使う「左右」とは同音異義語ということになりますね。

清水　はい。逆にそうではなく、この人の身体の膨らんでいる側が「左」と呼ばれることになり、萎んでいる側が「右」と呼ばれることになったとすれば、「左右」は物的なものによって定まっていなかったことになり、私たちの使う「左右」と同じだということになります。

谷口　はい。問題は、そのような突然変異が起きていない場合です。そのような場合、思考実験の中の「左右」は、私たちの使う「左右」と同じであると見なすしかないように思われます。私たちの使う「左右」と区別がつかないのですから。

清水　ますます興味深いです。たしかに、突然変異が起きていない場合、仮に突然変異が起きたら「左右」という言葉がどのように使われるか、ということはわかりませんね。これは本当にわからないのだと思います。ソール・クリプキのように考えると、そのことは言葉の使用一般について言えます。私たちはこれまで、言葉の使用において、お互いにだいたい一致してきました。しかし、次の言葉の使用で、まったく理解できないような著しい不一致が露呈するかもしれません。そのような不一致がこれから露呈するかどうかは、これまで一致してきたという事実からでは、わからないということになりますね。

谷口　だとすると、私の思考実験の中の「左右」という言葉の使用と、私たちの「左右」という言葉の使用とは、一致しています。突然変異が起きた場合に、一致するかどうかはわかりません。思考実験の中の人々の間でさえ、一致するかどうかはわかりませんよね。この状況では、「左右」という言葉の使用について不一致が起きておらず、一致しているという事実しかありません。一致しているという事実しかない、ということは、思考実験の中の「左右」という言葉の意味が物的なものによって定まっているのか定まっていないのか、ということについての事実はないということになります。

清水　ただ、思考実験の中の人間が、相手の身体にとっての左右を判断するとき、たんに相手の身体の特徴を見るだけで、想像の中で身体の重ね合わせをしていないという事実があるとしたら、思考実験の中の「左右」という言葉の使いかたは私たちの使いかたと一致していない、という事実があると言えそうです。

谷口　それなら、こんな思考実験はどうでしょう。人間が川のある流域に存在する魚群のようなありかたをしているとして、一定方向の川の流れに対してつねに逆らう形で泳いでいたとします。そしてなおかつ、川の右側がより温かく、川の左側がより冷たい、といった状態の中に置かれているとすれば、自分以外の身体にとっての左右を判断するのに、身体の重ね合わせは問題になりません。自分の身体にとっての「右」も、自分以外の身体にとっての「右」も、川のより温かい側になっています。そして、自分の身体にとっての「左」も、自分以外の身体にとっての「左」も、川のより冷たい側です。

清水　たしかに、その思考実験の場合、身体の重ね合わせが問題になるような事態さえ起きていませんね。川の温度変化が起きることは考えられますが、それも起きていないとしたら、「左右」という言葉の意味が物的なものによって定まっているのかどうか、ということについての事実はないことになりますね。つまり、「左右」という言葉の使用について、思考実験の中の人間たちが一致していて、私たちとも一致している、という事実しかないことになります。

谷口　はい。私たちの使う「左右」という言葉の意味は、物的なものによって定まっていません。ところが、今の思考実験の中では、「左右」という言葉の意味が物的なものによって定まっているのかどうか、わかりません。ということは、「左右」という言葉の意味が物的なものによって定まっていると言えるかどうかは、人間のありかたのような、内容的世界のありかた、すなわち経験的事実に依存するのではないでしょうか。

清水　そう考えることができると思います。

左右と超越的な区別

谷口　清水さんが本当に問題にされたいことは、左手世界と右手世界との区別、といったような、対称性に対して超越的にはたらくような違いのはずです。それを「左右」として経験的語彙で表現するのは、ある種、「昇り切ったら捨てなければならないような梯子」であると思われるのですが、記述が経験的なものとの関係を重視しているために、読者に「左右」それ自体が超越的な役割を果たしているかのような印象を与えてしまっている気がします。ここが最初に気になった点です。

清水　経験的問題と形而上学的問題とが明確に切り分けられて提示されていないとい

うのは、そういうことでしたか。

谷口　はい。

清水　重なり合わない二つの世界の区別があるだけでは、左右の区別は出てきません。重なり合わない二つの世界の、片方が現実世界で、もう片方が虚像世界である、という区別がなければ、左右の区別は出てきません。つまり、左右の区別が発見されて使われているということは、現実世界と虚像世界との対比がなされた証拠です。

谷口　現実世界と虚像世界との区別は、世界を超越する区別だと思いますが、左右についてはどうですか。

清水　谷口さんがおっしゃるように、経験的事実がもとになって、私たちの「左右」という言葉は発案され、伝えられ、使われるようになったと思われます。ここで必要なのが、現実世界と虚像世界との対比です。現実世界と虚像世界という超越的な区別を言い表すのに、左右という経験的な区別が使われていると言えます。

谷口　経験的な区別によって、超越的な区別が言い表されるのですか。

清水　そうだと思います。現実世界と虚像世界との区別は、物的なものによっては言い表せません。物的なものによって両者のうちの片方が現実になったわけではありませんから。その超越的な区別を言い表すために、物的なものによっては定まらない「左右」という言葉を使うのです。経験的な向きの区別を言い表したいだけなら、物的なものによって定まらない「左右」という言葉を使う必要はありませんからね。

谷口　すると、現実世界と虚像世界との間の超越的な区別を哲学的に掘り出せれば、経験的な左右の区別は「昇り切ったら捨てなければならないような梯子」になりますか。

清水　現実世界と虚像世界との区別については、そうかもしれません。ただ、私が問題にしたかったのは、中心である身体と中心ではない身体や物体との区別です。この区別もまた、物的なものによっては言い表せません。そこで、この区別を言い表そうとして「左右」という言葉を使っても、現実世界と虚像世界との区別に隠されてしまうというのが、私の議論です。中心である身体と中心ではない身体や物体との区別は、梯子を昇り切ったら隠されてしまうのです。もともと梯子によって隠されていたことになると言うこともできるかもしれません。

左右の感覚と客観性

谷口　なるほど。ところで、本書の七一頁では、「だとすると、生まれたときから左右感覚が……反転している左右反転人も、考えられることになります」という記述がなされていますよね。このような、視野の左右感覚へのわりと素朴な肯定は、かなり問題含みであるように感じました。

清水　詳しく説明していただけますか。

谷口　仮に視神経交叉が存在しない人がいたとしても、そのような科学的事実によって「視野における左右が、その人とほかの人との間で反転している」とは、とうてい言えない気がします。たとえば町があれば、町の入り口から二回右に曲がったところが王宮の入り口である、といったようなしかたで、左右はまったく客観的に伝えられるし、空間を共有する限り、そのようなしかたで実際に伝えられているものと思います。つまり本質的に、「左右」は「赤」や「痛み」といったような感覚語ではないし、そうではないということがポイントになってくるように思うのです。

清水　おっしゃるとおり、「左右」という言葉は感覚語ではなく、空間の中に客観的に存在する向きを指す言葉として伝えられます。このときの向きは、物的なものによっては定まらない向きです。つまり、空間の中に客観的に存在する向きであるにもかかわらず、物的なものによっては定まっていないのです。そのような向きを判断するのに、私たちは感覚を頼りにしています。幸い、私たちの感覚には、物的なものによっては定まらない向きが備わっています。たとえば、紙の上の「☞」と「☜」は異なるように感覚されます。物的なものによって定まらない向きの感覚にもとづいて、物的なものによって定まらない客観的向きを判断するのです。

谷口　なるほど。

清水　「☞」という絵を見て、私が「右」と言うとします。このとき、「右」という言葉で指されているのは、感覚ではなく、客観的な向きです。左右反転人が「右」と言うとしたら、左右反転人もまた、感覚ではなく、客観的な向きを指しています。ただ、左右反転人には、私が「☜」を見るときに見えるようなものが見えています。

谷口　「左右」という言葉は客観的な向きを指すにもかかわらず、左右反転人の左右感覚が反転していると言うときの「左右」の意味は、どのようにして与えられるのですか。

清水　そのときの「左右」という言葉は、左右反転人の内面的視野の中にあるような向きを指しているのではありません。「☞」も「☜」も、客観的空間に存在します。客観的に存在する「☞」を左右反転人が見るときには、客観的に存在する「☜」を私が見るときのように見るのです。つまり、私なら「左」と言いたくなるときに、左右反転人は「右」と言うのです。視神経交叉のない人が見つかったとしたら、そのように考えられる根拠になるでしょう。

谷口　ですが、「私が見るときのように見る」とは、どのように見ることなのでしょうか。そのような比較を可能にする視点はない、しかも原理的にありえないということが、そもそも問題それ自体だったのではないですか。

清水　いいえ。そのような比較を可能にする視点はある、というのが本書での私の路線です。たとえば、脳科学のような経験的探究によって、私の左右感覚と他人の左右感覚との比較が可能になります。これはつまり、本人にしか知りえない内面のようなものはない、という路線です。

感覚の質はどこに

谷口　そうだとすると、「左右」という言葉は、内面にある感覚質を指しているわけではありませんよね。

清水　そうです。「左右」という言葉を使うときには感覚を頼りにしますが、「左右」という言葉が指すのは、内面にある感覚質ではなく、客観的空間に存在する左右です。感覚に質があるとすれば、それは客観的空間に存在する質です。たとえば、「☞」を見るときと「☜」を見るときとの間で、感覚の質に違いがあるとすれば、それは客観的空間に存在する質の違いです。

谷口　そのときの「感覚の質」とは何でしょうか。クオリアをめぐるアポリアのようなものが、左右についても生じませんか。

清水　感覚質とは何か、それは内面に存在するのか、というアポリアですね。そのアポリアは生じると思います。ただ、この本の目的は、そのアポリアを解決することではなく、感覚質が内面に存在するという前提をとらない路線があるということを示すことです。この路線によれば、感覚の質は、客観的空間に存在する質です。つまり、左右感覚をつうじて現れる左右は、客観的空間に存在する左右です。

谷口　それでも、左右感覚は人によって反転しうるものなのですよね。その反転は内面において起きるのではないのですか。

清水　たとえば、朝の金星しか見たことがなくて「金星」と言う人と、夜の金星しか見たことがなくて「金星」と言う人がいるとします。一人目の人にとっては、金星は朝に見える星です。この人が夜に金星を見ても、それを「金星」とは呼びません。それに対して、二人目の人にとっては、金星は夜に見える星です。この人が朝に金星を見ても、それを「金星」とは呼びません。二人の間では、金星の見える時間帯、すなわち朝と夜が反転しています。しかしだからといって、朝と夜は二人の内面にあるわけではありませんし、朝の金星と夜の金星が内面にあるわけでもありません。そして、「金星」と言うときに二人が指しているのは、客観的世界に存在する同じ一つの金星です。

谷口　それは、そう言えそうですね。

清水　左右についても似たことを考えることができます。左右反転眼鏡をかけていない人と、左右反転眼鏡をかけたばかりの人がいるとします。一人目の人に「☞」のような絵を提示すると、「右」と言います。それに対して、二人目の人は、左右反転眼鏡をかけたばかりですから、「☞」のような絵を提示すると「右」と言います。二人の間では、左右感覚が反転しています。しかしだからといって、左右が二人の内面にあることにはなりませんし、二人に見える絵が内面にあることにもなりません。そして、「右」と言うときに二人が指しているのは、客観的世界に存在する向きです。

谷口　二人目の人が左右反転眼鏡に順応すると、どうなりますか。

清水　「☞」を提示したときに「右」と言うようになりますよね。ただ、「右」という言葉の使い方に順応しただけですから、そのとき見えているものは、かつて「☞」を提示したときに見えていたものと同じです。

谷口　その「見えているもの」は、内面にあるのではないのですか。

清水　そう考えないこともできる、というのが本書の路線です。かつて「☞」を提示したときに見えていたものが内面にあるものではないと考えられるとしたら、順応したあとに見えている同じものも内面にあるものではないと考えることができます。このとき、「見えているもの」、すなわち本人にどう見えているのかは、「左右」という言葉の使いかたとは無関係になっています。「左右」という言葉は、内面における向きを指すのではなく、客観的空間に存在する向きを指すのですから、それでよいのです。むしろ、「左右」という言葉を使うことで感覚質を指すことはできないのではないか、ということになってきます。左右反転眼鏡に順応した人についてだけでなく、左右反転人についても、同じことが言えます。

「左右」という言葉を感覚にあてはめる

谷口　だとすると、ある種の感覚を「左右」感覚と呼ぶことの根拠は、何なのでしょうか。

清水　それはよく考えると面白いところですね。たとえば、「☞」という絵だけが見えていて、この絵が時計回りに回転しているのが見える場合を考えることができます。この場合、手首から指への向きは、物的なものによって定まっています。興味深いのは、物的なものによって定まったその向きは変化しないまま、それ自体が回転して向きを変えるのを感覚できるということです。そのような向きの変化が感覚できるということは、物的なものによって定まった向きとは独立に、向きを感覚することができるということを意味しています。

谷口　そうですね。

清水　さらには、身体感覚を考え、こんな思考実験をすることができます。私たちは、右半身の身体感覚に「右」という言葉をあてはめ、左半身の身体感覚に「左」という言葉をあてはめています。また、上半身の身体感覚に「上」という言葉をあてはめ、下半身の身体感覚に「下」という言葉をあてはめています。さて、あるとき突然、左半身が上半身に変化します。そして、右半身が下半身に変化します。それと同時に、かつての上半身は右半身に変化し、かつての下半身は左半身に変化します。想像できますか。

谷口　はい。

清水　そうすると、いまの上半身はかつての左半身で、その身体感覚には「左」という言葉をあてはめてきましたから、いまの上半身の身体感覚に、「左」という言葉をあてはめたくなる感じが残っているかもしれません。しかし、そこにはいまや上半身があります。ですから、その身体感覚には「上」という言葉をあてはめざるをえません。「上」という言葉の意味は、頭などの物的なものによって定まっているからです。同じように、かつては右半身だった下半身の身体感覚には、「右」という言葉をあてはめたくなる感じが残っているかもしれません。ですが、そこにはいまや下半身があるので、その身体感覚には「下」という言葉をあてはめざるをえません。「下」という言葉の意味は、足などの物的なものによって定まっているからです。このように、ある種の感覚に「左右」という言葉があてはめられているのは偶然で、「上下」という言葉があてはめられてもかまわないと考えることができます。

谷口　なるほど。

清水　いまの思考実験の場合、かつて上半身だった右半身の身体感覚には、「上」という言葉をあてはめたくなる感じが残っているかもしれません。ですが、その身体感覚には「右」という言葉があてはめられるようになります。新たな上下が物的なものによって定まり、新たな左右が出てきたからです。また、かつて下半身だった左半身の身体感覚には、「下」という言葉をあてはめたくなる感じが残っているかもしれません。ですが、その身体感覚には「左」という言葉があてはめられるようになります。だとすると、やはり、ある種の感覚に「左右」という言葉があてはめられるのは、偶然だということになります。

谷口　たしかにそうですね。

清水　時計回りに回転する「☞」という絵だけが見えている場合を考えても、同じことが言えそうです。手首から指への向きが回転して見えるということは、物的なものによって定まった向きとは独立に感覚される向きが、無数にあるということです。手首から指への向きが回転して見えるときには、物的なものによって定まった向きとは独立に感覚される向きが、連続的に変化していきますからね。そこで、物的なものによって定まった向きとは独立に感覚される無数の向きのうち、どの向きにも「左右」という言葉をあてはめることができると考えることができます。たとえば、回転する「☞」を見ている私が途中で寝そべったとしたら、寝そべる前には「上」という言葉をあてはめたくなっていた感覚があるときに、「左」という言葉をあてはめるようになるかもしれません。実際、寝そべってテレビを見ていると、普段は「上下」という言葉をあてはめている向きの感覚に「左右」という言葉をあてはめますよね。つまり、物的なものによって定まった向きとは独立に感覚される無数の向きのうち、一つの向きとその逆向きに、偶然「左右」という言葉があてはめられていると考えることができます。しかも、そのあてはめかたは、変化することさえありえます。このようにして、客観的空間に存在する向きを指すための「左右」という言葉が、感覚にあてはめられているのだと思います。

「左右」は超越論的か

谷口　なるほど。しかしやはり、「左右」という言葉の意味の定まりかたには、経験的なものと超越論的なものとが、二重映しにされていますよね。これは左右の問題そのものに横たわる巨大な謎ではないでしょうか。

清水　物的なものによって定まった向きとは独立に向きが感覚されることによって、「左右」という言葉が意味をもつ、経験的にそうなっている、これはそのとおりだと思います。物的なものによって定まった向きだけしか感覚できなかったとしたら、物的なものによって定まらない「左右」という言葉の意味は、生じえなかったかもしれません。あるいは、物的なものによって定まった向きだけしか感覚できなかったとしても、すなわち、たとえば「☞」が回転するのを感覚できなかったとしても、その鏡像であり、虚像である「☞」を想像することができれば、物的なものによって定まらない「左右」という言葉の意味は、生じたかもしれません。いずれにしても、「左右」という言葉の意味は、感覚や想像のような経験をもとにして定まりますね。

谷口　そうだと思います。

清水　その経験的な定まりかたが超越論的でもあるとすると、経験的に定まることによって客観的に構成されるという考えかたになりますね。つまり、左右の経験があるからこそ、左右という向きが客観的空間において存在するようになる、と。私は本書の第一部で、左右が経験とは独立に実在するかのように論じました。ですが、そうではない考えかたもできますね。

谷口　左右が経験とは独立に存在しないとすれば、実在する空間そのものは左右にかんしてニュートラルで、経験によってそれが右手空間なのか左手空間なのかが構成的に定まることになりますね。

清水　はい。ガラスに描かれた絵の比喩がよいかもしれません。たとえば、ガラスに描かれた絵が、こちら側からは「☞」のように見えるとすると、あちら側からは「☜」のように見えます。ガラスに描かれている絵そのものは、「☞」と「☜」のどちらとも言えず、その意味で左右にかんしてニュートラルです。この場合、ガラスをこちら側から経験していることによって、絵は「☞」として経験され、構成されます。

谷口　実在する空間が左右にかんしてニュートラルでないとしたら、どういう比喩になりますか。

清水　ニュートラルでない場合は、紙に描かれた絵の比喩がよいと思います。紙の上の絵は、「☞」と「☜」のどちらかです。たとえば「☞」が描かれているとしたら、感覚によって経験されているのは、描かれたとおり「☞」のようであっても、反転して「☜」のようであってもかまわない、というふうに、感覚経験においてニュートラルになるのは、興味深いですね。

谷口　どちらが真実なのでしょうか。それともニュートラルなのでしょうか。実在する空間は、左右にかんしてニュートラルではないのでしょうか。

清水　その問いが、私たちには答えられないようになっている、というのが面白いところです。その意味でも、左右は経験的であると同時に超越的です。左右感覚を伴った経験があっても、実在の空間は左右にかんして反転しているかもしれませんし、もしかするとニュートラルかもしれません。このように、実在する空間の左右は、経験を超越しています。こうした超越にもかかわらず、私たちは経験された空間に「左右」という言葉を当てはめているのです。

谷口　なるほど。

清水　左右のほかには、現実世界の現実性というものも、経験的かつ超越的です。現実世界は、世界内部の物的なものによって現実であるわけではありません。世界内部の物的なものはまったくそのままで、この世界が現実世界ではないこともありえたのですから。さらに言えば、現実世界の現実性は、世界内部のあらゆる特徴を超越しています。世界内部のあらゆる特徴はまったくそのままで、この世界が現実世界ではないこともありえたのです。したがって、この世界は私たちが経験するとおり現実性をもつのか、と問うても、私たちには答えられません。経験できるいかなる特徴をもちだしても、その特徴によって現実世界が現実性をもつと言える特徴はありませんからね。たとえば、世界が現実感覚という特徴を伴って経験されても、世界は現実世界ではなく、夢の世界かもしれません。このように、現実世界の現実性は、経験を超越しています。こうした現実性の超越にもかかわらず、驚くべきことに、現実性は経験されています。私たちは世界を経験したうえで、経験された世界に「現実性」という言葉をあてはめ、この世界を「現実」世界と呼んでいるのです。経験的かつ超越的、これが詳しくどうなっているのかについては、次の本で書きたいと思っています。

谷口　実在する空間が左右にかんしてニュートラルだとしたら、左右は超越論的なもので、経験によって構成されることになりますよね。その場合、左右は実在の側にはなく、内面の側にあることになりますか。

清水　そうは言い切れないと思います。ガラスに「☞」にも「☜」にも見えうる絵が描かれている場合、実在の側は左右にかんしてニュートラルです。それでも、「☞」と「☜」の二通りに見えうるものが実在しているとは言えます。実在を経験する観点によって、それが「☞」なのか「☜」なのかが構成的に定まるのです。この観点は、空間における位置であり、内面をもつ必要はありません。

谷口　なるほど。

清水　このことは、より一般的な話としても興味深いですね。何かが経験によって構成されると言いたい場合、経験が内部領域や内部構造をもつと言いたくなりますが、そこまで言う必要はないのかもしれません。そもそも私たちは、経験すると言うとき、経験の枠組みのようなものを考えがちです。その枠組みに、形のような構造があり、中身が充塡される、それが経験するということだ、と。これを「枠組み説」と呼ぶなら、「観点説」もありうるということですね。

谷口　ガラスという二次元空間にある絵は、三次元空間における観点から経験されますよね。三次元空間における観点から経験されることで、「☞」もしくは「☜」として構成的に定まることになります。私たちの三次元空間が左右にかんしてニュートラルだとしたら、四次元空間における観点から三次元空間が覗き込まれて経験されることによって、左右が構成的に定まるのでしょうか。

清水　その観点は、鏡の表面上にあるような観点ですね。鏡の表面という平面の観点から、こちら側を向いて経験をすると、左右が一通りに定まります。また、鏡の表面上の観点から、あちら側を向いて経験をすると、左右がもう一通りに定まります。鏡の表面という平面には左右にかんしてニュートラルな三次元空間が畳み込まれていると考えて、それを実在する三次元空間の比喩にすることが可能ですね。あくまで、実在する三次元空間が左右にかんしてニュートラルな場合の比喩ですが。

非対称性の起源

——成田正人さんと

左右の非対称性

成田　第一部を読ませていただいて、気になった点が二つあります。一つは左右発案者についてと、もう一つは向きそのものについてです。

清水　順番に聞かせていただけますか。

成田　まず、左右発案者についてですが、左右発案者にとって、上下軸と前後軸は物的なものから定まっていると言われていますよね。そして、それら二つの軸から左右軸は定まってくることになっています。そこで、自分の身体から見て、どっちが右でどっちが左かは別として、それら二つの向きの違いは、左右発案者にとってどういう違いなのでしょうか。

清水　私の議論では、左右発案者は、現実世界と虚像世界とを比べて、どちらが現実世界なのかということから、左右を定めたことになります。鏡の中の世界のような世界を思い描いて、でも現実はこっちだということから、左右という言葉が生まれるわけです。

成田　左右発案者は、上下軸と前後軸が定まってから出てきた左右軸に注目して、その両端をそれぞれ「左」と「右」という言葉で呼ぼうとした人だということになっていますよね。その両端の二つは、どうして分けられるのですか。それらの違いは現実か虚像かというところからきているのですか。

清水　現実の身体と虚像の身体との区別があって、左右にあたる軸の一方と他方とが重なり合わないということがあると、左右の区別が出てきます。

成田　それはやはり左右というものに独特ですよね。過去と未来の場合だと、現在を中心にして、過去と未来の二つの何が違うのか、まったくわかりません。未来と過去という二つを、なぜ区別しているのかというと、過去は未来ではないし、未来は過去ではないというように、一方は他方ではないという、ただそれだけの違いで。

清水　そうだとすると、過去と未来の違いは、どうしてわかるのでしょうか。

成田　過去と未来の場合、左右の場合の鏡の比喩のように、重なり合わないということは使えますか。

清水　過去と未来が違うと言うとき、重なり合わないという想定は使わないですよね。過去と未来が反転した虚像の時間を思い描いて、重ね合わせようとすることはしませんから。

ただの数的な非対称性

成田　左右の場合、重なり合わないというのは、右手と左手が重なり合わないとか、物どうしが重なり合わないということでないといけないのですか。つまり、このとき物は必要なのでしょうか。

清水　左右の場合はそうだと思って書きました。

成田　すごく抽象的な想定になるかもしれませんが、右側の空間と左側の空間という空間自体が重なり合わないということはないのでしょうか。

清水　その重なり合わなさは、物がないと言えないと思います。自分の身体とか、何か物体がないと、左と右が重なり合わないとは言えないと思います。

成田　たとえば、完全な球体の人間の場合でも、同じ問題は生じますよね。

清水　生じるでしょうか。完全な球体をした人間の場合、現実の身体と虚像の身体とは重なり合ってしまうので、左右にあたる軸の一方と他方とが重なり合わないということも出てきませんよね。そうすると、左右の区別も出てきそうにありません。

成田　仮に左右軸に相当する軸があるとすると、時間における過去と未来のように、その軸の一方は他方ではないとか、こっちはあっちではないというような言いかたはできませんか。

清水　なるほど。そこは難しくて面白いところですね。でもやっぱり、何かしらの物的な非対称性がないと、左右の区別は出てこないのではないでしょうか。完全な球体ではなくて、左右にあたる軸で、どちらか一方に何かしらの偏りがあるとか、そういう非対称性がないと。

成田　だとすると、なぜそこは時間と異なるのでしょうか。時間の場合、現在を境にまったく同じ出来事が対称的に起こっているとしても、それでも過去と未来は違いますよね。

清水　まったく同じ出来事が五秒前と五秒後に起こっていても、過去と未来は違いますね。それは、出来事とか物の特徴によって生じている区別ではなくて、過去と未来という重みの違いによる区別ですよね。

成田　時間の場合、鏡のようなものを考える必要がないのは、仮に鏡のようなものを考えて、現実の時間と虚像の時間とが重なり合ったとしても、なお過去と未来は違うと言いたくなるからですよね。

清水　そう言いたくなるのは、過去感と未来感という、感覚の違いがあるからでしょうか。左右の場合なら、左右軸の一方と他方にまったく同じ物があったとしても、それらの物が置かれている軸の一方と他方に重みの違いがあって、それは感覚の違いなのだとは言えませんか。

成田　たしかに、感覚は違うかもしれません。でも、球体のように対称的な身体をしていたら、右と左の感覚が違ったとしても、現実の身体と虚像の身体とはぴったり重なり合ってしまいますよね。その場合でも、左右という概念は出てくるのでしょうか。

清水　現実の身体のまさにこの部分が、性質としては虚像の身体の対応部分と重なり合っているけれども、数的には重なり合っていない、と言いたくなるかもしれません、右と左の感覚が違えば。

成田　それはやはり、あっちはこっちではない、一方は他方ではないという、それだけの違いですよね。そうすると、まずは数的な違いがあるのかもしれませんね。

清水　なるほど。性質の非対称性ではなくて、数的な非対称性が先にあるということですね。

成田　すると、ここでは性質の違いは問題ではないですね。

清水　カントは、手のようなものを持ち出して論じますが、正三角形のようなものであっても、その虚像、すなわち鏡像とは、重なり合わないことになりますね。こっちの頂点とあっちの頂点とが、数的に重なり合いませんから。

成田　やっと、左右発案者についての質問が、きちんとできた気がします。

清水　なるほど。左右発案者は、現実の身体と虚像の身体とが重なり合わないということをもとにして左右を考え出したことになっていますが、仮に二つの身体の性質どうしがぴったり重なり合ったとしても、数的には重なり合っていないということですね。

成田　性質どうしが重なり合ったとしたらどうなるのだろうか、それでも左右は発案されるのだろうか、ということが聞きたかったように思います。

清水　性質どうしが重なり合ったら、左右を発案することはできないと思っていましたが、数的に重なり合っていないということがあれば、左右は発案できるかもしれません。

存在と非存在の非対称性

成田　そうすると、左右と過去・未来は似てくる気がします。

清水　経験的には、左右の区別と、過去・未来の区別とは、感覚にもとづくと思います。左右感覚とか過去・未来感覚が非対称になっているから、性質の同じ二つのものが中心から対称的なしかたで置かれていたとしても、それらの置かれている場所が違うと言えることになります。

成田　経験的には、感覚の役割が強いですよね。記憶があって想起をすれば、過去のような感覚がします。予期をすれば、未来のような感覚がします。

清水　少なくとも時間の場合、過去と未来は、感覚として異なるだけではなくて、実在において本当に異なるのだと言えますよね。過去のことは、起きてしまったことなので、実在において確定しています。未来のことは、予期されているだけなので、実在において起こるかどうかは確定していません。そのような、感覚とは独立の非対称性がありますよね。

成田　そうですね。そのような非対称性がないと、時間の非対称性にならないかもしれません。過去のほうは確定しているとか、未来のほうはまだ存在していないとか、そのようなことは、過去・未来という概念を使わないと言えません。

清水　過去・未来の非対称性は、存在したということと、まだ存在していないということとの非対称性ですよね。過去と未来に、性質としてはまったく同じ出来事があったとしても、存在・非存在の非対称性があります。左右の場合は、双方にある物がともに存在しているので、どういう非対称性なのか、わかりませんね。

成田　現実の物があって、それを鏡に映したような物は虚像なのだとすると、現実・虚像の非対称性があるわけで、そうすると、過去・未来の非対称性は、存在・非存在の非対称性に似ているのでしょうか。

清水　似ているかもしれませんね。性質は同じで、数的に異なる二つの物があるとすると、左右の場合も、片方は存在していて、もう片方は存在していないという違いなのかもしれません。つまり、そのときの数的な違いというのは、存在と非存在との違いなのかもしれません。性質としてはぴったり重なり合っても、一方は存在していて他方は存在していないということがあるとしたら、数的に異なる二つの物があることになります。そうすると、二つの物の部分どうしも数的に異なります。そのようにして、数的な違いが出てくるのでしょうか。

成田　そうすると、鏡がなかったら左右というものは生じないことになりますか。

清水　そういうことになるでしょうね。

成田　実際に鏡がなくても、鏡とか虚像を考えなければ左右というものが生じないとしたら、そこにあるのはたんなる数的な違いではなくて、あくまで左右を備えた物の数的な違いですよね。

清水　現実の身体と虚像の身体とが、性質としてはぴったり重なり合ったとしても、あっちとこっちは重なり合わない、というときの、あっちとこっちの重なり合わなさは、左右の重なり合わなさなのだというふうに、発見されることになります。

成田　もしそうだとすると、左右の違いというものが、そもそも空間にはあるということですよね。あっちとこっちが重なり合わないとき、それはそもそも空間にあった左右の違いなのだというふうに、発見されるということですよね。

清水　だとすると、感覚は、左右の違いを発見する方法の一つにすぎませんよね。左右の区別は、感覚によって発見される前から、そもそも空間にあったのだということになります。そのときの左右の違いは、いったい何の違いなのでしょうか。存在・非存在の違いではありませんよね。たしかに虚像は存在しませんが、虚像を想像して発見される左右は、もとから両方とも空間に存在するわけですから。しかも、発見される違いが左右なのだとすると、それは物や場所の数的な違いでもありません。だとすると、いったい何が発見されているのでしょう。

成田　時間の場合も、過去と未来のうち、未来が非存在だと言うときには、今のところは非存在だとはいえ、これから存在するということです、まったく存在しないということではなくて。そして、過去のほうは、かつて存在したということです。でも、「これから存在する」と「かつて存在した」は、何が違うのかまったくわからないですよね。

清水　なるほど。

成田　その違いを言おうとすると、左右の違いが左右の違いでしかないように、過去・未来の違いも、過去・未来の違いとしか言いようがありません。

清水　それは不気味ですね。

成田　その違いがわかってしまっているのも不気味ですね。

清水　簡単にわかってしまっていますよね。

端的な区別

成田　そういった違いは、経験的には感覚の違いなのでしょうが、感覚に騙されているのかもしれません。

清水　感覚に騙されているという考えかたもできますね。

成田　実在においては対称性しかないのに、感覚に根ざした習慣に騙されている、と。

清水　非対称性を発見したと思っているけれど、騙されているのかもしれません。たとえば、数学的には、一軸を反転させても何も変わらないのに、私たちは感覚に騙されて何かが変わったと思ってしまうのかもしれません。カントなら、騙されるも何も、感覚によってこちらから世界を構成していくという考えかたをしますよね。

成田　そうですね。

清水　いずれにしても、実在がどうなっているのかはわかりません。本当に騙されているのかどうかもわかりません。ところで、もし左右の非対称性と過去・未来の非対称性とが実在するとしたら、この二つの非対称性は、ただお互いに異なる非対称性だというだけのことでしょうか。それ以上のことは言えないのでしょうか。

成田　過去・未来の場合は、一方が存在するとしたら他方は存在しないことになるとか、一方について何かを言うと他方についてはそれを否定することになるような、そういう非対称性があるかもしれません。一方がこうであるとしたら他方はこうではない、というふうに。左右の非対称性は、そこまでの非対称性ではありませんよね。左右のうちの一方がこうであるとしたら他方はこうではないということはなくて、ただ一方が他方ではないということがあるだけのように思われます。

清水　そうすると、左右の区別は何の区別なのか、さっぱりわからないですね。ただの端的な区別になってしまいそうです。

成田　左右の違いは、左右の違いでしかありえないような気がしてきました。

清水　永井均先生の用語を使うなら、純粋な「ヨコ問題」でしょうか。右は左ではなく、左は右ではない、という区別でしかないという意味で。左右と過去・未来の似ているところを考えようとしたら、まったく似ていないところが出てきましたね。

成田　左右は、物的なものによって定まらないという点では、上下や前後よりも、過去・未来に似ているとは思います。

清水　その点では似ていますね。

成田　左右についても過去・未来についても、私たちが騙されているのだという方向に話を振り切ると、さらに似てくるとは思いますが、もっと丁寧に考えると、左右の違いが一番わからなくなってきますね。

清水　本当にわかりませんね。

成田　たとえば、過去と未来については、中島義道先生の言うように、過去は現在において立ち現れているというふうに考えられるとしても、なぜそれが過去だとわかるのでしょうか。それが現在ではないことはわかりますが、なぜ過去だとわかるのでしょうか。すると、過去と未来の間にも純粋な「ヨコ問題」があると言えます。なぜ一方が過去で、なぜ他方が未来なのか、という「ヨコ問題」です。

清水　たとえば、過去と未来は現在において構成されるというふうに考えると、過去・未来と現在との間に垂直的な関係を想定する「タテ問題」になりますね。でも、そうだとしても、過去と未来の何が違うのかがわかりません。そこで、過去と未来の「ヨコ問題」を考えると、そもそも過去と未来の何が違うのか、存在・非存在の違いなのか、何の違いなのか、という問題が出てきますね。

成田　その問題を最も純化させたのが、なぜ一方が他方ではないのかという、左右の問題なのではないでしょうか。

清水　非常に興味深いです。

「向き」とは何か

成田　ところで、もう一つ気になっているのは、そもそも「向き」とは何なのか、ということです。左右は空間の向きで、過去・未来は時間の向きです。すると、向きとは、本来、空間にあるものなのでしょうか。それとも、時間にあるものなのでしょうか。たとえば、第一部の最初のほう、一八頁では、向きというものは必ず運動の向きだと言われています。向きがあるところには、実際には運動がないとしても、運動が想像されている、と。

清水　そうですね。向きには運動が必要だということです。

成田　そうすると、向きには時間の経過が必要だということになりますよね。

清水　たしかに、運動には時間の経過が必要ですね。

成田　そして、運動というものがまさに変化のことであるのなら、運動には時間の経過が必要であると言えるだけでなく、運動とは時間的な変化そのものであるとも言えませんか。

清水　なるほど。

成田　向きというものは、伝統的には空間的なものだとされがちです。歴史年表のような時間の線を描いて、ある時点から別の時点への向きと言っても、それは明らかに空間化された時間です。ですが、もし向きというものが運動という変化に依存するものだとしたら、向きというものはむしろ時間的なものである、と言えませんか。もちろん、これは左右だけでなく、上下や前後についても当てはまることですが。

清水　なるほど。そう考えられますね。

成田　つまり、少し無理をして言ってみますが、まず、向きというものは運動の向きのことです。そして、運動というものは変化のことであって、変化というものは時間の変化のことです。そうだとすると、向きというものは、空間や空間化された時間にあるものでなく、じつは時間それ自体の端的な変化に還元できるのではないでしょうか。

清水　端的な時間的変化は、たとえば現在の出来事が「現在」ではなくなるといったように、一つの出来事について成立するはずですから、二項関係ではありませんよね。しかし、どこからどこへの向きと言ったときには、二項関係は成立しています。それでも、向きは端的な時間的変化に還元できるのでしょうか。向きは二項関係ではないのでしょうか。

成田　たとえば、私の身体は現在ここにあります。そこからの向き、つまり現在の私の身体からの向きというものを考えると、現在にある私の身体は、時間が経てば、現在にあるものではなくなります。すると、現在の私の身体からの時間的な向きは、現在の私の身体からの変化という意味では、現在の私の身体という一項だけで成り立ちませんか。

清水　なるほど。端的な時間的変化は、一項だけでも成り立つということですね。そうだとすると、時間的な変化の向きは、二項関係である必要はなく、たとえば現在の私の身体からの向きと言うだけでよくて、どこどこへの向きとまで言う必要はありませんね。

成田　現在の私の身体を考えると、空間的には、私の身体しかありません。私の身体からの空間的運動はありません。それでも、現在の私の身体が現在にあるものでなくなるとき、現在から過去へという時間的変化の向きは生じています。このとき、空間的な向きとはまったく異なる向きが生じているのでしょうか。それとも、そこには空間的な向きが暗に含まれているのでしょうか。

清水　そのときの時間的変化の向きは、はたして現在から過去への向きでしょうか。現在の私の身体から過去の私の身体への向きと言うと、時間的変化は二項関係になります。しかし、端的な時間的変化は二項関係ではなく、とにかく現在の私の身体が現在のものではなくなる、という変化ですよね。

成田　なるほど。とにかく現在の私の身体が無になってしまうということですね。そして、そのときの無を、現在と並ぶもう一項として捉えてしまえば、二項関係になってしまいます。しかし、文字通りに、ただ現在でなくなる、と捉えれば、それは現在のものの端的な変化ですね。端的な時間的変化がそのような変化だとすると、向きは出てきますか。

清水　〈現在からの〉という向きはあるとは言えませんか。端的な時間的変化の場合には、〈からの〉だけの、〈への〉のない向きがある、とは言えませんか。

成田　〈からの〉だけの向きですか。

清水　はい。とにかく現在からなくなってしまうという向きです。無への向きと言ってもよいですが、その無は過去のようなものではなく、とにかく現在からなくなってしまうということです。その現在に空間的な運動があるとしたら、その運動の向きも、〈からの〉だけの向きをもつということになるかもしれません。

成田　たとえば、この身体から、だけの運動の向きというようなことですか。

清水　はい。現在の身体が歩くなどの運動をすると、現在の身体からの運動の向きが生じるので、ここからどこへのと言いたくなりますが、その「どこへの」ということがないということです。

成田　ここがここでなくなるということですね。現在が現在でなくなるというのと同じように、ここがここでなくなるという、端的な空間的変化もあるということですか。

清水　そう考えられると思います。

向きが二項関係になるとき

成田　時間の場合には、現在が現在でなくなるというのが、端的な時間的変化ですよね。そのとき、現在から過去へ、と言うと、現在と過去との間に二項関係ができて、時間が空間化されます。現在でなくなるところを過去と呼ぶと、時間が空間化されるということです。そこで、現在でなくなるところなどない、ただ現在でなくなるだけだ、と考えると、「どこへの」はありませんね。

清水　それでも、向きはあります。〈への〉のない、〈からの〉だけの向きです。これは驚くべきことではありませんか。少なくとも時間については、そのような向きが原初にあるのかもしれません。もしかすると、空間もそうかもしれません。通常は、第一部で書いたように、向きは〈からの〉と〈への〉との二つをもつとされますが。

成田　そして通常は、向きは二項をもつ空間的なものだとされますよね。

清水　時間について考えると、向きは〈からの〉だけでも成立するということが見えてきました。

成田　現在が現在でなくなるというだけの変化ですね。死というものを、そういう向きをもつものとして考えることができますね。死ぬと、この世界からいなくなります。この世界から、という向きだけがあります。ここからいなくなるということしかありません。それに対して、生まれるときには、この世界へ、という向きしかないのかもしれません。

清水　〈からの〉だけの向きを考えたとき、時間的な〈からの〉と、空間的な〈からの〉とは、同じ〈からの〉ですか。

成田　現在からの向きと言うときの「からの」と、ここからの向きと言うときの「からの」が、同じかどうかですよね。

清水　端的な時間的変化と、端的な空間的運動とは、一見異なるようにも思われます。端的な時間的変化は、現在が現在でなくなるような変化で、端的な空間的運動は、ここがここでなくなるような運動です。ですが、仮にこれら二つが異なるとすると、どうして二つについて同じ〈からの〉が使えるのでしょう。

成田　現在からの向きと言うときの「からの」と、ここからの向きと言うときの「からの」は、両方とも、端的な現実〈からの〉向きですよね。端的な現実から、それがなくなるという向きです。

清水　端的な現実からの、というところは似ていますね。すると、一つの説としては、端的な現実からの向きと言ったときの「からの」では、時間と空間が一体化していて、「への」が出てきたときに、時間と空間が分かれるというふうにも考えられますね。本来は一つの〈からの〉だけがあるのに、人間が複数の〈への〉を作ることによって、時間と空間とが分かれている、という説です。

成田　なるほど。そうだとすると、端的な現実が、いろいろな〈への〉によって時間や空間に分かれたときに、「私」まで出てくるのは不思議ですね。私からの変化というものはないですよね。誰への変化というものもないですよね。

清水　面白いです。まさに死においては、現在〈からの〉と、ここ〈からの〉と、私〈からの〉が、一体になっているとは思います。

あとがき

本書に普遍的に資する知的成果があるとすれば、それは、「左右」という言葉の起源について、一つの明確な説を提示できたことにあるでしょう。そして、どうやらその起源には、鏡のようなものがかかわっているようなのです。

私たちは日頃、「左右」という言葉を当たり前のように使っています。私たちは、その言葉の起源を忘れているのです。

ここには二重の忘却があります。

一つは、左右原器の忘却です。左右発案者の身体が「左右」という言葉の意味を定めているということを、私たちは忘れているのです。

もう一つ、私たちがもっと深いところで忘れてしまっているのは、左右発案者が鏡像のような虚像を使ったということです。「左右」という言葉の中には、現実と虚との対比が生きている、そのことを私たちは忘れてしまっているのです。

利き手や臓器の配置など、身体的特徴が変わったとしても、左右の向きは変わりません。それは、左右の向きが、左右原器によって固定されているからです。ここまではわかりやすい話です。

しかし、話はそれでおしまいではありません。左右原器がいまも残っていたとして、仮に左右原器そのものの身体的特徴が変わったとしても、左右の向きが変わることはないのです。それは左右発案者が、物的なものによっては定まらない、現実と虚との対比を使ったからです。

昨今、情報技術や映像技術の著しい進歩によって、私たちの生活からリアリティが失われていると危惧されることがあります。なまの現実であるリアリティが、ヴァーチャルなリアリティによって浸食されているという危惧です。

ここで私は、その裏にある危惧を抱きます。つまり、虚の世界が、現実によって浸食されているという危惧です。情報技術や映像技術の進歩は、虚の世界にリアリティをもたせることを目指してきました。すなわち、虚の世界を現実世界に近づけることを目指してきました。そこで失われてきたのは、むしろ虚の世界のほうではないでしょうか。

太古の人間は、自然の猛威を恐れ、星空の神秘に驚き、あるいは人生の苛烈さに苦しみ、さまざまなイマジネーションの世界を生みだしてきました。それら虚の世界は、強度を保ったまま、現代まで受け継がれています。

はたして現代人に、それほどの強度をもつ虚の世界を描くことができるでしょうか。現代におけるリアリティの喪失は、虚の世界の喪失と、表裏一体なのかもしれません。

そんな現代にも、プリミティヴな強度をもつ虚の世界があります。それは、鏡の世界と、夢の世界です。

本書における鏡は、たんなる道具ではありません。鏡の中の世界は、現実世界と並び立つほどの、そしてまさにそこにある、虚の世界なのです。私たちは、あちら側の世界ではなく、こちら側の世界に住んでいます。あちら側の世界でも、これと同じことが鏡文字で書かれているでしょう。それでも、私たちはこちら側の世界に住んでいるのです。これは不思議なことではないでしょうか。現実世界と鏡の中の世界とは、はたしてどこが違うのでしょうか。そう考えるとき、左右というものが鍵として浮かび上がってきます。

夢の世界が、眠るたびに繫がったストーリーのように展開していたら、もう一つの現実になるのではないだろうか、ということを考えたことはないでしょうか。その反対に、眠りから醒めるたびに現実世界の繫がりがなくなっていたら、現実はもう一つの夢になりはしないでしょうか。すると、現実世界と夢の世界とは、はたしてどこが違うのでしょうか。私たちは、何をもって現実世界を現実と呼んでいるのでしょうか。

二十世紀のシュールレアリストたちは、精神分析の影響を受け、夢の世界に着目しました。彼らにとって、夢の世界は、無意識の領域にある現実を表すものでした。

私は、虚の世界が現実を表すというシュールレアリスムの方向とは、逆方向に歩みたいと思います。虚の世界を虚の世界のままに、現実に匹敵するようなその強度を探究したいと思います。私のこの態度を、シュールイマジネーリスムと呼ぶことができるかもしれません。

最後に、本書を深く理解しながら編集してくださった中川和夫さん、知的な対話をつうじてインスピレーションをくださった松井理沙さんに、心から謝意を表したいと思います。

第一部の参考文献

井上京子『もし「右」や「左」がなかったら――言語人類学への招待』大修館書店、一九九八年
ウィトゲンシュタイン、ルートヴィヒ『論理哲学論考』野矢茂樹訳、岩波文庫、二〇〇三年
加地大介『なぜ私たちは過去へ行けないのか――ほんとうの哲学入門』哲学書房、二〇〇三年
カント、イマヌエル「空間における方位の区別の第一根拠について」植村恒一郎訳、『カント全集3――前批判期論集Ⅲ』岩波書店、二〇〇一年、三一七―三二六頁
ガードナー、マーティン『新版 自然界における左と右』坪井忠二・藤井昭彦・小島弘訳、紀伊國屋書店、一九九二年
高野陽太郎『鏡像反転――紀元前からの難問を解く』岩波書店、二〇一五年
中島義道『カントの自我論』岩波現代文庫、二〇〇七年
西山賢一『左右学への招待――世界は「左と右」であふれている』光文社、二〇〇五年
プラトン『ティマイオス』、『ティマイオス／クリティアス』岸見一郎訳、白澤社・現代書館、二〇一五年、一一―一七〇頁
吉村浩一『逆さめがねの左右学』ナカニシヤ出版、二〇〇三年
吉村浩一『鏡の中の左利き』ナカニシヤ出版、二〇〇四年
Van Cleve, James and Frederick, Robert E., *The Philosophy of Right and Left: Incongruent Counterparts and the Nature of Space*, Kluwer Academic Publishers, 1991

第二部の参考文献

谷口一平さんとの対話
クリプキ、ソール・A『ウィトゲンシュタインのパラドックス――規則・私的言語・他人の心』黒崎宏訳、産業図書、一九八三年
成田正人さんとの対話
中島義道『「時間」を哲学する――過去はどこへ行ったのか』講談社現代新書、一九九六年
永井均『哲学的洞察』青土社、二〇〇二年
マクタガート、ジョン・エリス『時間の非実在性』永井均訳、講談社学術文庫、二〇一七年

清水将吾

1978年生まれ。立教大学兼任講師。上智大学と東邦大学で非常勤講師を務める。ウォーリック大学大学院哲学科でPhD を取得後、日本大学研究員、東京大学UTCP 特任研究員、特任助教を経て、現職。

著書に『大いなる夜の物語』（ぷねうま舎、2020年）、分担執筆書に*From Existentialism to Metaphysics: The Philosophy of Stephen Priest*（ピーター・ラング、2021年）、『ゼロからはじめる哲学対話』（ひつじ書房、2020年）、*Philosophy for Children in Confucian Societies* (ラウトレッジ、2020年)、『ベルクソン『物質と記憶』を診断する――時間経験の哲学・意識の科学・美学・倫理学への展開』（書肆心水、2017年）がある。共監訳書に、マシュー・リップマンほか『子どものための哲学授業――「学びの場」のつくりかた』（河出書房新社、2015年）、共訳書に、バリー・ストラウド『君はいま夢を見ていないとどうして言えるのか――哲学的懐疑論の意義』（春秋社、2006年）がある。

左右を哲学する

2024年3月25日　第1刷発行

著　者　清水将吾《しみずしょうご》

発行者　中川和夫

発行所　株式会社 ぷねうま舎
〒162-0805　東京都新宿区矢来町122　第二矢来ビル3F
電話 03-5228-5842　　ファックス 03-5228-5843
http://www.pneumasha.com

印刷・製本　真生印刷株式会社

ISBN 978-4-910154-52-7　　Printed in Japan